1972

W	weiss
●	hellrosa
O	mittelrosa
F	Fuchsiarosa
H	hellgrün
D	dunkelgrün
/	gelb
┼┼┼┼	{ Stielstich ▶ dunkelgrün
////	Plattstich

Die schönsten Häkelmuster

Wer hätte nicht gern ein so apartes Häkeldeckchen, bestehend aus Quadratmotiven mit Stäbchenbögen. Wie Sie es selbst arbeiten können, zeigt Ihnen die ausführliche Häkelanleitung auf Seite 104.

Die schönsten Häkelmuster

Von Gisela Schinzel

Humboldt-Taschenbuchverlag

humboldt-taschenbuch 521

Umschlaggestaltung: Christa Manner, München
Umschlagfoto: Heinz Schinzel, München; Beschreibung siehe Seite 40–41.
Frontispiz und Schwarzweißfotos: Heinz Schinzel, München
Zeichnungen (außer im Modell-Teil): Gisela Schinzel

Die Vorlagen für die Farbtafeln I–VIII mit Modellbeschreibungen wurden freundlicherweise von der Schoeller Eitorf AG, Herstellungsfirma der Markengarne Schoeller Wolle und Esslinger Wolle, zur Verfügung gestellt. Wir danken für die Unterstützung.

© 1986 by Humboldt-Taschenbuchverlag Jacobi KG, München
Druck: Presse-Druck Augsburg
Printed in Germany
ISBN 3-581-66521-2

Inhalt

Einleitung 8
Erklärung der Häkelschriftsymbole 9 – Erklärung der Abkürzungen 10

Charakteristische Mustertraditionen 11

Amerikanische Häkelei 11
Zweifarbiges Patchworkmuster 11 – Mehrfarbiges Patchworkmuster 12

Ringhäkelei. 13
Deckchen aus Sternen in Ringhäkelei 14 – Untersetzer in Ringhäkelei 15

Filethäkelei. 16
Arbeitsweise 16 – Schrift mit einfachem Börtchen 17 – Einfaches Filetmuster 18 – Mäandermuster in Filettechnik 19 – Quadratmuster in Filettechnik 20 – Rosenmuster in Filettechnik 21 – Vereinfachte Filettechnik 22 – Schwan in Filettechnik 23 – Vogel in Filettechnik 25

Quadrathäkelei. 26
Lochmuster in Quadrathäkelei 26

Gitterhäkelei. 27
Blättchenmuster in Gitterhäkelei 27

Deltahäkelei 28
Einfaches Muster in Deltatechnik 28 – Spitzenmuster in Deltatechnik 29

Brügger Häkelei 31
Herstellung von Bändchen 32 – Verbinden der Bändchen zu Mustern 33 – Zusammenhäkeln 33 – Verbinden durch Stege und Spinnen 33 – Verbinden mit durchbrochenem Grund 34

Bändchenhäkelei 36
Bändchenmuster mit Langettenstegen 36

Irische Häkelei 37
Irisches Quadratmuster mit Rosette und Pikots 38 – Irisches Spitzendeckchen mit plastischen Blättchen 40 – Irisches Spitzendeckchen mit Blütenmuster 41

Gepure-Häkelei 43
Plastische Rosette in Gepure-Häkelei 43 – Blüte in Gepure-Häkelei 45

Tunesische Häkelei 47
Arbeitsweise 47 – Einfacher tunesischer Häkelstich 49 – Links-tunesischer Stich 50 – Tunesischer Strickstich 51 – Tunesischer Stich, rechts und links versetzt 51 – Tunesisch rechts-links gestreift 52 – Tunesisch rechts-links im Wechsel 53 – Tunesisch rechts-links im Schrägstreifen 53 – Tunesischer Gitterstich 54 – Tunesischer Füllstich 55 – Tunesischer Netzstich 56 – Tunesischer Kreuzstich und tunesischer Kreuzstich, versetzt 57 – Tunesischer Nomottastich 58 – Tunesisches Durchbruchmuster 59 – Tunesischer Webstich 60 – Tunesisches Muster mit Muschen 61

Häkelmuster in Reihen 62

Pikotmuster 62 – Bogenmuster mit Stäbchen 63 – Reliefstäbchenmuster 64 – Rautenmuster 64 – Durchbrochenes Muschenmuster 65 – Quadratmuster mit Spinnen 66 – Kombiniertes Muschenmuster 67 – Doppelstäbchenmuster, versetzt 68 – Muschenmuster mit Doppelstäbchen 69 – Rautenpikotmuster 70 – Muschenmuster, durchbrochen, mit Stäbchen 71 – Dichtes Muschenmuster, versetzt 71 – Muschenmuster mit Stäbchenbogen 72 – Reliefstäbchenflechtmuster 73 – Sternmuster 74 – Spinnenmuster auf Gittergrund 75 –

Rhombenmuster, durchbrochen 76 – Waagrechtes Muschenmuster 77 – Durchbrochenes Rautenmuster 78 – Phantasiemuster 79 – Einfaches Netzmuster 80 – Bäumchenmuster 80 – Rautenmuster aus Stäbchenbüscheln 81 – Spitzenmuster mit Reliefstäbchen 82 – Dichtes Kreuzstäbchenmuster 83 – Blütenmuster 84 – Blütensternchenmuster 85 – Büschelmaschenmuster 86 – Pikotbogenmuster 87 – Reliefstäbchenwaffelmuster 88 – Bogenmuster mit Büschelstäbchen 89 – Muster aus Reliefstäbchenquadraten 90

Häkelmuster in Runden 91

Patchwork mit irischem Muster 91 – Irisches Sternspitzenmuster 93 – Einfaches Quadratmotiv 94 – Dreifachstäbchenmuster mit Luftmaschenbögen 95 – Irisches Blütenmotiv 96 – Rundes Deckchen mit Blütenmotiv 97 – Irisches Motiv – Stern 98 – Popcornmuster 99 – Spitzenmuster in irischer Häkeltechnik 100 – Sternmuster zum Zusammenhäkeln von Motiven 101 – Rundes Motiv mit Quadraten aus festen Maschen 102 – Quadratmotiv mit Stäbchenbögen 104 – Spitzendeckchen mit Pikots 105 – Quadratmuster mit Büschelmaschen 107 – Stark durchbrochenes Spitzendeckchen mit Dreifachstäbchen 108

Arbeitsanleitungen für die Modelle 109

Blütenkissen 109 – Behäkelter Ring 110 – Vogelmotiv 111 – Häkelbild 113 – Lampenschirm 114 – Kissen 115 – Damenpulli in Filettechnik 117 – Trachtenjacke 119 – Decke und Kissen aus dreieckigen Motiven 121 – Decke 122 – Häkeldecke aus zwei Motivarten 123 – Häkelgardine 125 – Chanelkostüm 126

Einleitung

In den letzten Jahren erlebt das Handarbeiten einen regelrechten
»Boom«. Das Häkeln erfreut sich dabei neben dem Stricken der
größten Beliebtheit. Es ist wieder »in«, selbstgehäkelte Kissenbe-
züge oder Ziertischdecken zu besitzen, ganz zu schweigen von den
Häkelkleidungsstücken, die für alle Gelegenheiten gefertigt werden
können und die wegen der zarten, durchbrochenen Muster unge-
mein weiblich und attraktiv wirken.
Die Häkeltechnik ist sehr einfach und kann auch von denjenigen,
die sich noch nie darin versucht haben, rasch erlernt werden. Durch
einige Übung wird man es schon bald zu einer wahren Meister-
schaft bringen und sich ohne Bedenken sogar an schwierige Muster
heranwagen.
Im Lauf der Jahrhunderte – Häkeln ist eine sehr alte Fertigkeit –
bildeten sich in den einzelnen Ländern unterschiedliche Arbeits-
weisen und charakteristische Mustertypen heraus, an denen sich die
Herkunft einer Handarbeit genau feststellen läßt. In der tunesischen Häkelei wird beispielsweise eine Technik angewendet, die
Elemente des Häkelns und des Strickens miteinander verbindet.
Dabei entstehen sehr dichte, geschlossene Musterflächen. Bei der
irischen und der bretonischen Häkelei werden kunstvolle Einzel-
muster wie Sterne, Blumen oder Rosetten gearbeitet und durch
Zusammenhäkeln oder -nähen zu dem gewünschten Werkstück
vereinigt. Die Brügger Häkelei stellt zuerst in einfacher Technik
gehäkelte Bändchen mit Pikots her und fügt diese dann so geschickt
zu Mustern zusammen, daß sie den berühmten geklöppelten Brüs-
seler Spitzen sehr ähnlich sehen. Bei der Filethäkelei, die besonders
in jüngster Zeit wieder sehr in Mode gekommen ist, wird nach
einer genauen Zeichnung gearbeitet. Diese Aufzählung ließe sich
noch beliebig fortsetzen, denn jeder Kulturkreis entwickelte seine
eigenen Techniken und seine charakteristischen Muster.
Ich will Ihnen in diesem Buch besonders schöne Muster in den
verschiedensten Häkeltechniken vorstellen und genau erklären, so

daß Sie diese leicht nacharbeiten können. Dabei setze ich die Kenntnis der deutschen Häkeltechnik und ihrer gebräuchlichsten Maschen als Grundwissen voraus. Sollten Sie sie noch nicht beherrschen oder sie wieder vergessen haben, so bitte ich Sie, sich vor der Lektüre meines Buches mit den Grundbegriffen dieser Handarbeitsart vertraut zu machen, beispielsweise anhand des Bandes »Häkeln« (ht 314, Humboldt-Taschenbuchverlag), in dem alles genau und leicht verständlich erklärt wird.

Bei den verschiedenen Häkeltechniken, die ich Ihnen in vorliegendem Buch vorstelle, beschränke ich mich auf solche, die mit der Häkelnadel allein ausführbar sind. Häkeltechniken, für die zusätzliche Hilfsgeräte benötigt werden – hier seien Gabelhäkelei und Loopen, Occhi-Schiffchentechnik, Schlingenhäkelei usw. genannt –, werde ich nicht behandeln, da sie den Rahmen dieses Buches sprengen würden.

Ich bin sicher, daß Sie anhand der Muster, die ich Ihnen erkläre, in der Lage sein werden, Gegenstände ganz nach Ihrem eigenen Geschmack zusammenzustellen und nachzuarbeiten, und so viel Freude an dieser schönen alten Handarbeitstechnik gewinnen.

Erklärung der Häkelschriftsymbole

Bei vielen Mustern verwende ich – statt langer, oft schwer zu verstehender Beschreibungen – für die einzelnen Maschen und ihre Anordnung Symbole. Für jede Masche steht dabei ein bestimmtes Zeichen. So ergibt sich ein übersichtliches Bild, nach dem leicht zu arbeiten ist.

- • = Luftmasche
- | = feste Masche
- ‡ = Doppelstäbchen

- × = Kettmasche
- † = Stäbchen
- ‡ = Dreifachstäbchen

Stäbchen können auch noch höher gehäkelt werden. Die Zahl der Querstriche gibt die Höhe, das heißt die Anzahl der Umschläge an, durch die der Faden nacheinander gezogen wird.

- J = Reliefstäbchen: Dabei wird von vorne um das Stäbchen der Vorreihe gestochen, das Stäbchen wird wie immer beendet.
- V = 2 feste Maschen in eine Einstichstelle
- △ = Pikot: Es werden 4 Luftmaschen gehäkelt, und in die 1. Luftmasche zurück wird eine feste Masche gehängt.

⊕ = 3 zusammen abgemaschte Doppelstäbchen in eine Einstichstelle

⊕ = 4 zusammen abgemaschte Dreifachstäbchen in eine Einstichstelle

Die Querstriche geben die Höhe der Stäbchen an, die gebogenen Längsstriche die Anzahl der Stäbchen.

⁙ = 4 Luftmaschen, 3 zusammen abgemaschte Doppelstäbchen in eine Einstichstelle

Dieses Zeichen, in Anzahl der Luftmaschen, der Querstriche und der gebogenen Längsstriche variiert (Bedeutung siehe oben), kommt häufig vor.

A = 2 zusammen abgemaschte Stäbchen

V = 2 Stäbchen in eine Einstichstelle

⋏ = 3 zusammen abgemaschte Doppelstäbchen

⋎ = 3 Doppelstäbchen in eine Einstichstelle

⋏ = 5 zusammen abgemaschte Doppelstäbchen

⋎ = 5 Doppelstäbchen in eine Einstichstelle

Dieses Zeichen (Längsstriche bedeuten Anzahl der Stäbchen, Querstriche Zahl der Umschläge = Höhe für das Stäbchen) kommt, abgewandelt in Höhe und Anzahl der Stäbchen, häufig vor.

◊ = Büschelmasche: 1 Umschlag, einstechen, Schlinge hochziehen; erneut 1 Umschlag, in die gleiche Einstichstelle wie vorher einstechen, Schlinge hochziehen; erneut 1 Umschlag, in die gleiche Einstichstelle wie vorher einstechen, Schlinge hochziehen; erneut 1 Umschlag, in die gleiche Einstichstelle wie vorher einstechen, Schlinge hochziehen. Alle auf der Häkelnadel befindlichen Schlingen zusammen abmaschen; 1 fest angezogene Luftmasche als Abschluß.

Erklärung der Abkürzungen

M. = Masche
Luftm. = Luftmasche
Kettm. = Kettmasche
Randm. = Randmasche
Stb. = Stäbchen

Anschl. = Anschlag
R. = Reihe
Vorr. = Vorreihe
abm. = abmaschen
zus. = zusammen
✴ = Wiederholungszeichen

Charakteristische Mustertraditionen

Amerikanische Häkelei

In der amerikanischen Häkelei wird der Gegenstand, der hergestellt werden soll, fast immer aus gehäkelten Einzelmotiven zusammengesetzt. Diese Arbeitsweise nennt man Patchwork. Dabei kann jeweils das gleiche Motiv, können aber auch zwei und mehrere verschiedene Motive sowie auch verschiedenfarbige Motive zum endgültigen Muster verbunden werden. Ein Beispiel für Patchworktechnik ist Modell 11 auf der Farbtafel VI, Beschreibung Seite 123 ff.

Zweifarbiges Patchworkmuster

Abb. 1: Zweifarbiges Patchworkmuster

Um einen Luftmaschenring aus 6 Luftmaschen in Farbe I häkelt man 12 feste Maschen und schließt die Runde mit einer Kettmasche.

1. Runde: (Farbe I) 4 Luftm.; 1 Doppelstb. in die 1. feste M. der Vorr.; 1 Luftm.; ✽ in die folgende feste M. der Vorr. 2 Doppelstb.; 1 Luftm. Von ✽ ab wiederholen. Runde mit 1 Kettm. in die 4. Luftm. vom Rundenbeginn schließen.

2. Runde: (Farbe II) 4 Luftm.; um die folgende 1. Luftm. der Vorr. 1 Doppelstb.; 1 Luftm.; ✽ um die nächste Luftm. der Vorr. 2 Doppelstb.; 1 Luftm.; um die nächste Luftm. der Vorr. 3 Doppelst.; 1 Luftm.; 3 Doppelstb.; 1 Luftm.; um die nächste Luftm. der Vorr. 2 Doppelstb.; 1 Luftm. Von ✽ ab 2mal wiederholen. Beenden der Runde: Um die nächste Luftm. der Vorr. 2 Doppelstb.; 1 Luftm.; um die nächste Luftm. der Vorr. 3 Doppelstb.; 1 Luftm.; 3 Doppelstb.; 1 Luftm.; Runde mit 1 Kettm. in die 4. Luftm. vom Rundenbeginn schließen.

Beim nächsten Motiv arbeitet man die Farben versetzt. Die Motive werden, wie in Abbildung 1 veranschaulicht, zusammengenäht.

Mehrfarbiges Patchworkmuster

Abb. 2: Mehrfarbiges Patchworkmuster

Jedes Motiv wird wie in der Häkelschrift (Erklärung siehe Seite 9 f.) angegeben gearbeitet. Dabei wird für jede Runde eine andere Farbe verwendet. Man benötigt insgesamt 6–8 Farben. Diese Motive können, wie in Abbildung 2 zu sehen, mit halben Motiven und Streifen aus festen Maschen und Stäbchen zu einem querbetonten Muster zusammengefügt werden; sie lassen sich aber auch als Flächenmuster arbeiten, indem man nur ganze Motive aneinandernäht.

Häkelschrift zu Abbildung 2:

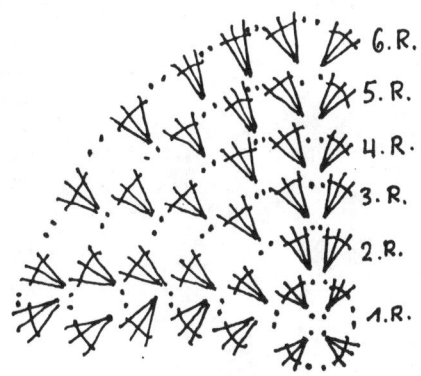

• = Luftm.

Ψ = 3 Stb. in eine Einstichstelle (um die 2 Luftm. der Vorrunde)

Weitere Beispiele für Patchworktechnik finden Sie im Kapitel »Häkelmuster in Runden«.

Ringhäkelei

Für Gegenstände, die eine gewisse Stabilität der Form behalten sollen, beispielsweise für Lampenschirme, Netze, Taschen, Vorhänge oder Hüte, wählt man häufig die Ringhäkeltechnik. Dabei wird wie in der einfachen Rundhäkeltechnik gearbeitet, nur häkelt man statt um einen Luftmaschenring um einen Kunststoffring. Man könnte natürlich auch Metallringe verwenden, aber Kunststoffringe sind praktischer, weil sie mit dem Gegenstand mitgewaschen werden können. Bei dieser Häkeltechnik wird häufig anstelle

des Garns Mikro-Bast, Rialto-Bast oder besonderes Effektgarn wie Silber- oder Gold-Kunstfaden verwendet.
Auf den Farbtafeln II, gegenüber Seite 33, (Lampenschirm) und VIII (Chanelkostüm), gegenüber Seite 97, finden Sie Beispiele für Ringhäkelei (Beschreibung Seiten 114 f. und 126 f.).

Deckchen aus Sternen in Ringhäkelei

Abb. 3: Deckchen aus Sternen in Ringhäkelei

Jeder der 9 Häkelsterne wird über einen flachen Ring gearbeitet; anschließend werden die fertigen Sterne, wie in Abb. 3 gezeigt, zusammengenäht.

Arbeiten eines Sterns:

1. Runde: Um den Ring 36 Stb. häkeln; Runde mit 1 Kettm. schließen.
2. Runde: In jedes Stb. 1 feste M.; Runde mit 1 Kettm. schließen.
3. Runde: In jede feste M. 1 Stb.; Runde mit 1 Kettm. schließen.
4. Runde: ✲ 2 feste M.; in die nächste M. der Vorr. 1 feste M.; 9 Luftm.; 1 feste M. Von ✲ ab wiederholen. Runde mit 1 Kettm. schließen.

Untersetzer in Ringhäkelei

Abb. 4: Untersetzer in Ringhäkelei

Ein Kunststoffring wird mit 40 festen Maschen umhäkelt.
1. Runde: In jede feste M. 1 feste M.; Runde mit 1 Kettm. schließen.
2. Runde: In jede feste M. 1 Stb. und 1 Luftm. häkeln; Runde mit 1 Kettm. schließen.
3. Runde: Um jede Luftm. 1 feste M.; Runde mit 1 Kettm. schließen.
4. Runde: ✤ 6 feste M.; 12 Luftm.; rückwärtsgehend in die 10. Luftm. 1 feste M.; in die folgenden 7 Luftm. 7 Stb.; 1 feste M.; 9 Luftm.; rückwärtsgehend in die 8. Luftm. 1 feste M.; in die folgenden 7 Luftm. 7 Stb.; 1 feste M.; 9 Luftm.; rückwärtsgehend in die 8. Luftm. 1 feste M.; in die folgenden 7 Luftm. 7 Stb.; 1 feste M. (ergibt Stiel mit 3 Blättchen); 2 feste M. in die 2 letzten Luftm. des Stieles. Von ✤ ab noch 5mal wiederholen. Runde mit 1 Kettm. schließen.

5. Runde: Faden abschneiden. Oben an den Blättchen weiterhäkeln wie folgt: Zwischen das letzte Blättchen der ersten und das erste Blättchen der zweiten Blättchengruppe 5 Luftm. Zwischen das erste und zweite Blättchen 10 Luftm. Zwischen das zweite und dritte Blättchen 10 Luftm. Wieder 5 Luftm. zur nächsten Blättchengruppe usw. Die Luftmaschen müssen jeweils mit 1 festen M. in den Blättchenenden festgehängt werden.

6. Runde: ✱ 1 feste M.; 2 Luftm.; 2 feste M. der Vorrunde übergehen. Von ✱ ab wiederholen. Runde mit 1 Kettm. schließen.

7. Runde: ✱ 1 Stb.; 1 Pikot; 2 M. der Vorrunde übergehen. Von ✱ ab wiederholen. Über dem mittleren Blättchen jeder Blättchengruppe in 1 M. 1 Stb., 1 Pikot, 1 Stb. Runde mit 1 Kettm. schließen.

Filethäkelei

Bei dieser Technik handelt es sich um eine Nachahmung des Mustercharakters der echten Filet- oder Netzknüpfarbeit. Die Filethäkelei erlebt in jüngster Zeit eine Renaissance. Vielerorts sieht man in den Fenstern selbstgehäkelte Filetvorhänge mit den herrlichsten eingearbeiteten Mustern. Auch Kleidungsstücke in Filethäkelei werden wieder getragen. Ein Filetmuster wird aus einem Netz von Quadraten gebildet, von denen etliche gefüllt, etliche leer sind. Die Technik ist sehr einfach, da nur Stäbchen und Luftmaschen in verschiedener Anordnung gehäkelt werden. Mühe bereitet nur das konzentrierte Zählen des Musters, das unbedingt erforderlich ist. Zur Erleichterung empfiehlt es sich, jede Reihe, die gerade gehäkelt wird, genau zu markieren.

Man arbeitet nach einem Zählmuster, das wie ein Kreuzstichmuster gezeichnet wird. Jedes einfarbige Kreuzstichmuster eignet sich als Vorlage. Man kann natürlich auch ein Muster nach eigenem Geschmack entwerfen, aufzeichnen und nachhäkeln. Bei der Filetarbeit ist es auch einem Anfänger möglich, seine Vorlage selbst anzufertigen, indem er sich das Muster auf ein kariertes Blatt Papier zeichnet.

Arbeitsweise:

Für den Anschlag berechnet man für jedes Kästchen der Vorlage 3 Luftmaschen sowie 5 Luftmaschen zum Wenden.

1. Reihe (nur Gitter ohne Muster): In die sechstletzte Luftm. 1 Stb.; ✱ 2 Luftm.; 2 Luftm. des Anschlages übergehen; in

die folgende Luftm. des Anschlages 1 Stb. Von ✱ ab wiederholen. Mit 5 Luftm. wenden.

In den folgenden Reihen wird jeweils über den Stäbchen wieder ein Stäbchen und 2 Luftmaschen gehäkelt; die 2 Luftmaschen der vorangegangenen Reihe werden übersprungen. So entsteht das Gitter. Das Muster darin bildet man mit den gefüllten Kästchen. Dabei werden anstelle der 2 Luftmaschen 2 Stäbchen gehäkelt (siehe Schemazeichnung »Häkelschrift«).

Häkelschrift zur Filettechnik:

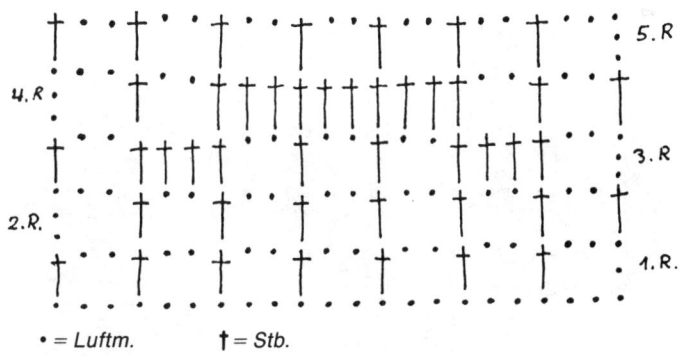

• = Luftm.   † = Stb.

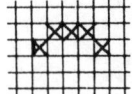

Obige Schemazeichnung ergibt als Vorlage zum Häkeln folgende Kreuzstichmusterzeichnung (Werkzeichnung):

☐ = 1 Stb. + 2 Luftm.; 2 Luftm. der Vorr. überspringen.
☒ = 4 Stb. (1. und 4. Stb. für den Gittergrund, 2. und 3. Stb. füllen das Kästchen aus. Das 4. Stb. ist eigentlich schon das 1. Stb. des folgenden Kästchens).

Nach diesem Schema sind die folgenden Muster gearbeitet.

Schrift mit einfachem Börtchen

Die Buchstaben können beliebig gehäkelt werden; das Randbörtchen wird nach folgender Werkzeichnung zu Abbildung 5 gearbeitet:

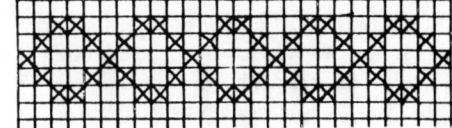

Abb. 5: Schrift mit einfachem Börtchen

Einfaches Filetmuster

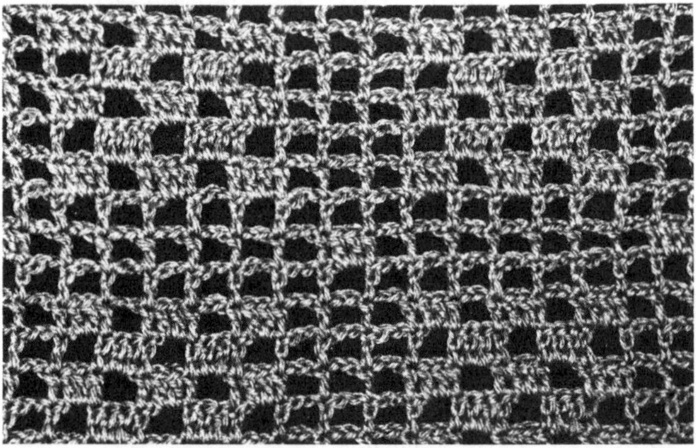

Abb. 6: Einfaches Filetmuster

Werkzeichnung zu Abbildung 6:

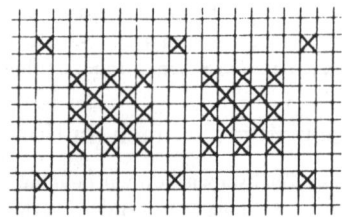

- ☐ = 1 Stb. + 2 Luftm.; 2 Luftm. der Vorr. überspringen.
- ☒ = 4 Stb. (1. und 4. Stb. für den Gittergrund; 2. und 3. Stb. füllen das Kästchen aus. Das 4. Stb. ist gleichzeitig das 1. Stb. des folgenden Kästchens).

Mäandermuster in Filettechnik

Werkzeichnung zu Abbildung 7:

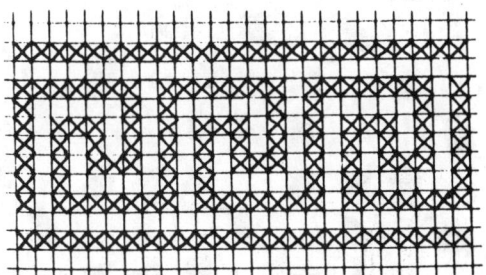

☐ = 1 Stb. + 2 Luftm.; 2 Luftm. der Vorr. überspringen.

☒ = 4 Stb. (1. und 4. Stb. für den Gittergrund; 2. und 3. Stb. füllen das Kästchen aus. Das 4. Stb. ist eigentlich schon das 1. Stb. des folgenden Kästchens).

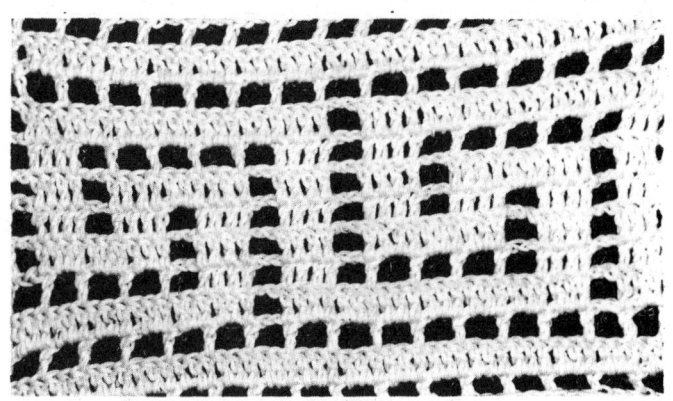

Abb. 7: Mäandermuster in Filettechnik

Quadratmuster in Filettechnik

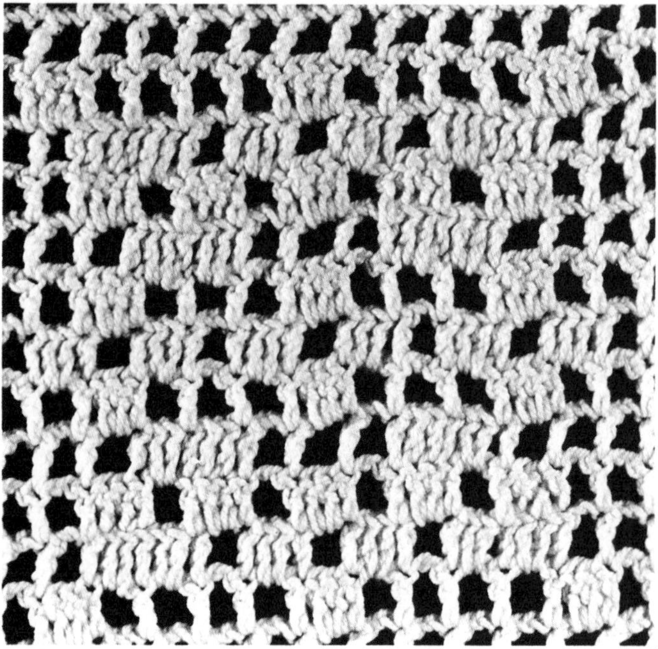

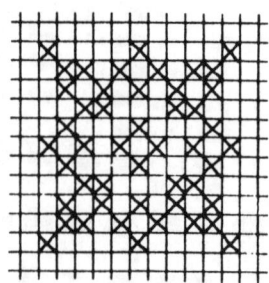

Abb. 8: Quadratmuster in Filettechnik

Werkzeichnung zu Abbildung 8:

☐ = 1 Stb. + 2 Luftm.; 2 Luftm. der Vorr. überspringen.
☒ = 4 Stb. (1. und 4. Stb. für den Gittergrund; 2. und 3. Stb. füllen das Kästchen aus. Das 4. Stb. ist eigentlich schon das 1. Stb. des folgenden Kästchens).

Rosenmuster in Filettechnik

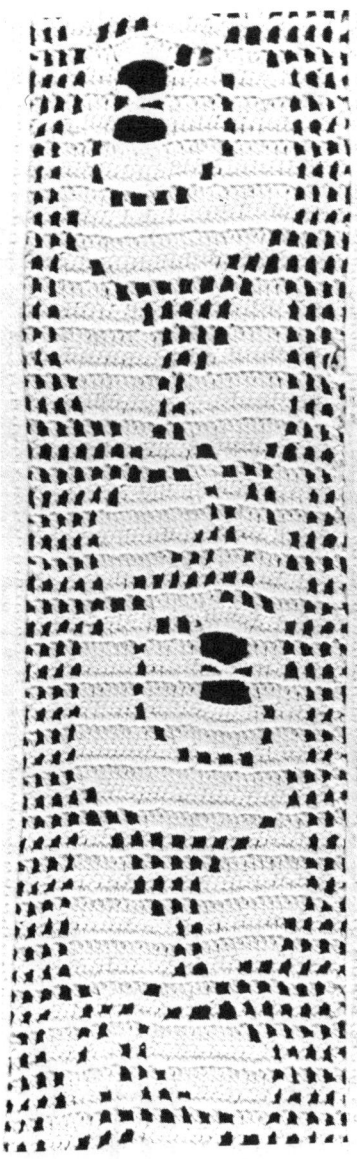

Abb. 9: Rosenmuster in Filettechnik

Werkzeichnung zu Abbildung 9:

☐ = 1 Stb. + 2 Luftm.; 2 Luftm. der Vorr. überspringen.

☒ = 4 Stb. (1. und 4. Stb. für den Gittergrund; 2. und 3. Stb. füllen das Kästchen aus. Das 4. Stb. ist eigentlich schon das 1. Stb. des folgenden Kästchens).

⬚ = 9 Luftm.; 9 M. der Vorr. übergehen. In der folgenden Reihe 4 Luftm.; den Luftm.-Bogen der Vorr. mit 1 festen M. in der Mitte festigen; 4 Luftm.

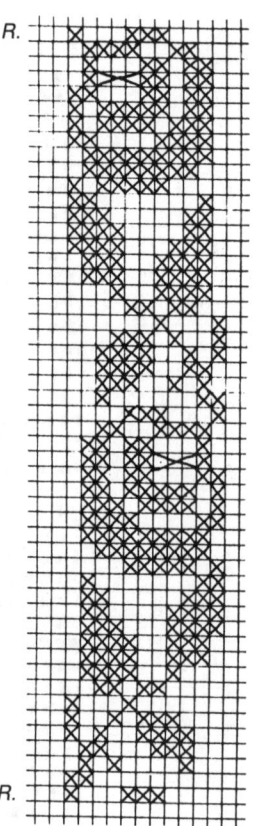

Vereinfachte Filettechnik

Häufig wird die Filettechnik vereinfacht, indem man statt 2 Luftmaschen für das Gitter nur 1 Luftmasche häkelt (siehe Schemazeichnung).

Häkelschrift:

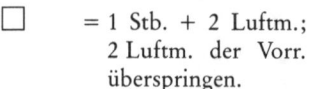

• = 1 Luftm.
† = 1 Stb.

Werkzeichnung:

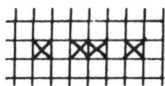

☐ = 1 Stb.; 1 Luftm., 1 Luftm. der Vorr. übergehen.
☒ = 3 Stb. (3. Stb. ist gleichzeitig 1. Stb. des folgenden Kästchens).

Die Modelle 7 und 12 (siehe Farbtafeln III, gegenüber Seite 48, und VII, gegenüber Seite 96) sind in dieser Technik gearbeitet, ebenso die folgenden Filetmuster.

Schwan in Filettechnik

Werkzeichnung zu Abbildung 10:

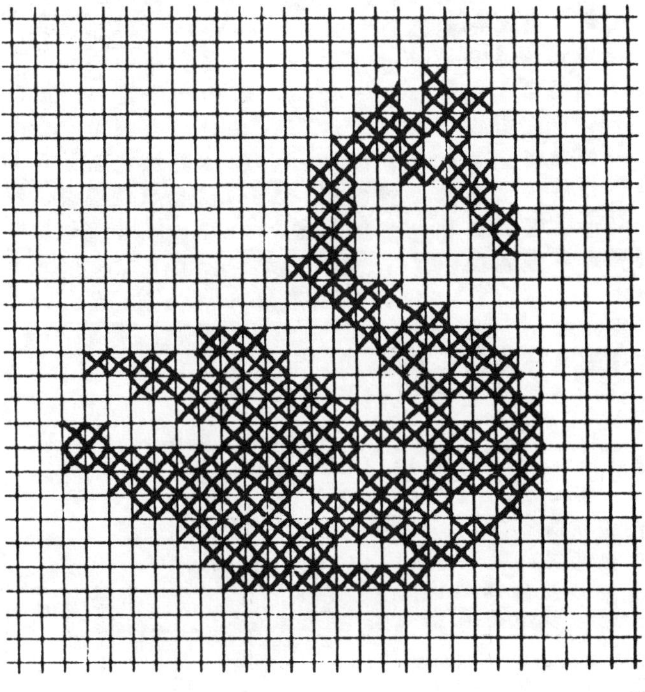

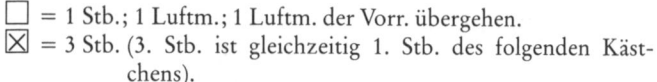

☐ = 1 Stb.; 1 Luftm.; 1 Luftm. der Vorr. übergehen.
☒ = 3 Stb. (3. Stb. ist gleichzeitig 1. Stb. des folgenden Kästchens).

Dieses Muster kann in dem geplanten Werkstück beliebig oft wiederholt oder mit anderen Mustern oder Randborten kombiniert werden.

Für den Anschlag berechnet man pro Kästchen 2 Luftmaschen und 4 Luftmaschen zum Wenden (siehe Werkzeichnung Seite 23 unten).

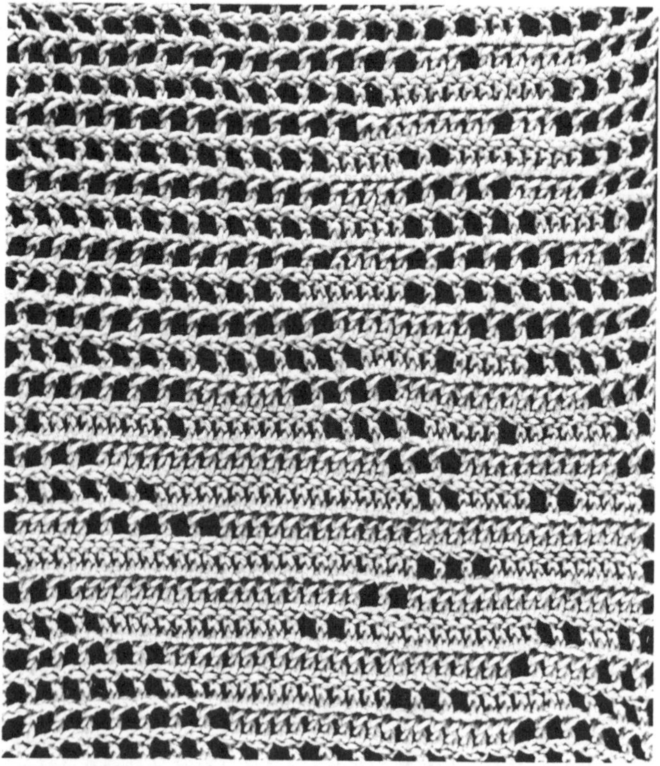

Abb. 10: Schwan in Filettechnik

Vogel in Filettechnik

Arbeitsweise wie auf Seite 22 f. beschrieben.
Diese Arbeit, auf Karton oder Stoff aufgezogen, eignet sich besonders gut als Wandbild.
Material: 100 g Esslinger Wolle „ballerina", Häkelnadel 3 mm.

Werkzeichnung zu Abbildung 11:

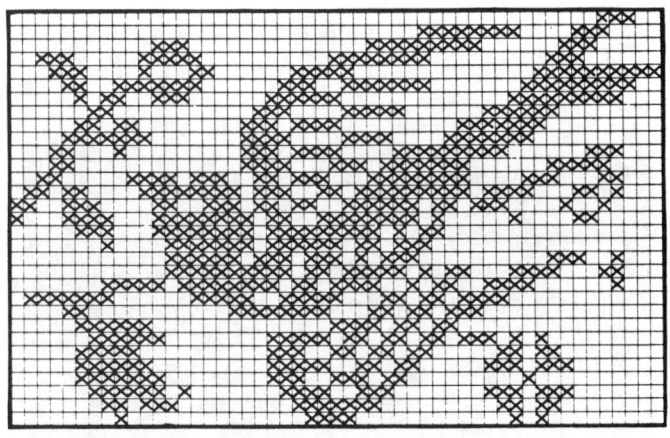

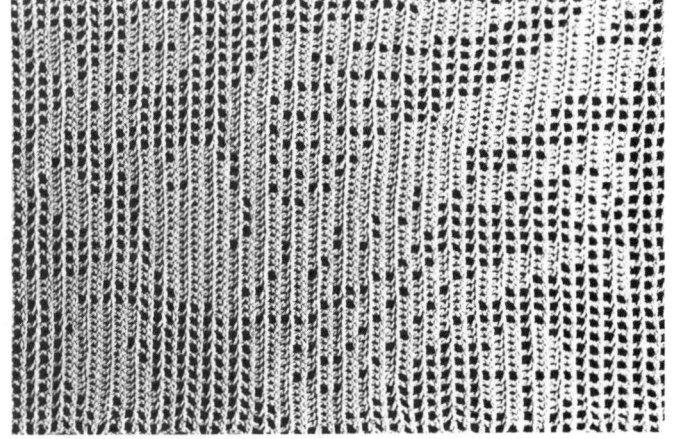

Abb. 11: Vogel in Filettechnik

Quadrathäkelei

Eine Abart der Filethäkelei ist die Quadrathäkelei. Gittergrund und gefüllte Kästchen werden wie bei der Filetarbeit gefertigt. Zusätzlich werden jedoch Luftmaschenstege gehäkelt, die man mit festen Maschen zusammenfaßt.
Beispiel für Quadrathäkelei ist das Häkelbild auf der Farbtafel II, unten (gegenüber Seite 33), Beschreibung Seite 113 f.

Lochmuster in Quadrathäkelei

Abb. 12: Lochmuster in Quadrathäkelei

Häkelschrift zu Abbildung 12:

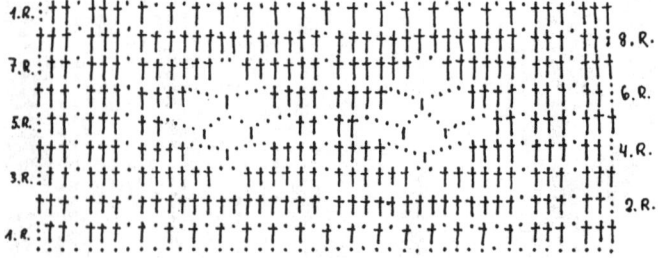

• = Luftm.   I = feste M.   † = Stb.

Die Reihen 1–8 werden fortlaufend wiederholt.

Gitterhäkelei

Bei der Gitterhäkelei, einer Abart der Filethäkelei, besteht das dem Muster zugrundeliegende Kästchennetz aus Doppelstäbchen und Luftmaschen. Das Muster wird aus jeweils in eine Einstichstelle gearbeiteten und dann zusammen abgemaschten Doppelstäbchen (Blättchenform) gebildet. Solche Blättchen auf Netzgrund sind das typische Merkmal der Gitterhäkelei. Diese Technik kann sowohl in waagrechten Reihen als auch in der Runde gehäkelt werden.

Blättchenmuster in Gitterhäkelei

Häkelschrift zu Abbildung 13:

Erklärung der Häkelschriftsymbole siehe Seite 9 f.

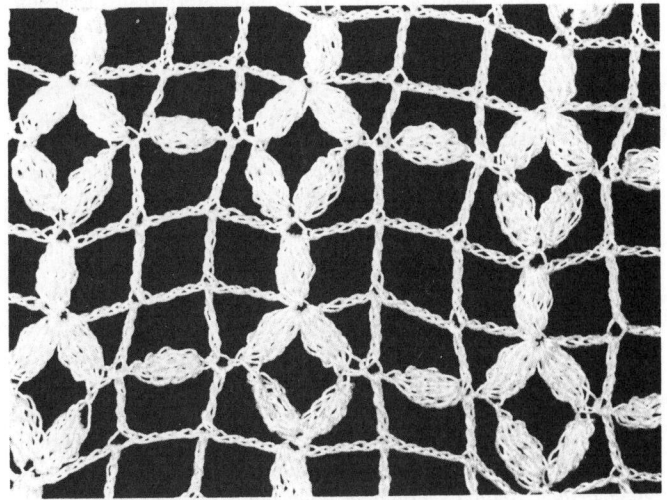

Abb. 13: Blättchenmuster in Gitterhäkelei

Deltahäkelei

Wie die Filethäkelei, so hat auch die Deltahäkelei einen durchbrochenen Mustergrund. Im Gegensatz zu den Quadraten der Filethäkelei setzt er sich bei der Deltahäkelei aus lauter gleichseitigen Dreiecken zusammen (daher der Name), die aus Luftmaschen und einfachen Stäbchen oder Doppel- oder Dreifachstäbchen bestehen. Zwei Stäbchen bilden jeweils zwei Seiten eines Dreiecks, die dritte Seite wird von Luftmaschen gebildet.

Ein Muster kann sowohl in Runden als auch in waagrechten Reihen gehäkelt werden. Wird es in Reihen gearbeitet, so entsteht ein zakkiger Rand (Schemazeichnung).

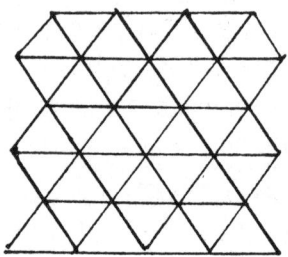

Häkelt man in Runden, so entsteht zunächst (wegen der Dreiecksform der einzelnen Musterteile) ein Sechseck. Diese Grundform kann aber durch weitere Musterreihen zur Sternform oder zum Kreis abgeändert werden.

Wie bei der Gitterhäkelei werden auch bei der Deltahäkelei mit mehreren zusammen abgemaschten Stäbchen, die in der gleichen Einstichstelle gearbeitet wurden, Blättchen gebildet, die dann in verschiedenartiger Zusammenstellung verschiedene Muster ergeben. Wählt man zu der Arbeit feines Garn, so entstehen ganz zarte Muster mit spitzenartigem Charakter.

Einfaches Muster in Deltatechnik

Taschentuchrand mit einer Reihe fester Maschen umhäkeln.

1. Reihe: ❊ 1 Stb.; 2 Luftm.; 1 Stb.; 2 M. der vorhergehenden R. überspringen. Von ❊ ab wiederholen.
2. Reihe: Wie vorhergehende R., nur versetzt, d. h. das Stb., die 2 Luftm. und das Stb. werden dort eingestochen, wo die beiden Stb. der Vorr. aneinanderstoßen.

Diese beiden Reihen werden beliebig lange abwechselnd wiederholt.

Abschlußreihe: ✱ Jeweils um die beiden Luftm. der Vorr. 1 feste M. häkeln, 1 Pikot. Von ✱ ab ständig wiederholen.

Dieses Muster kann als Randspitze wie im abgebildeten Beispiel angewendet, kann aber ebenso auf einer Luftmaschenkette aufgebaut werden.

Natürlich läßt es sich auch mit Blättchenmuster verzieren, wie im nächsten Muster beschrieben.

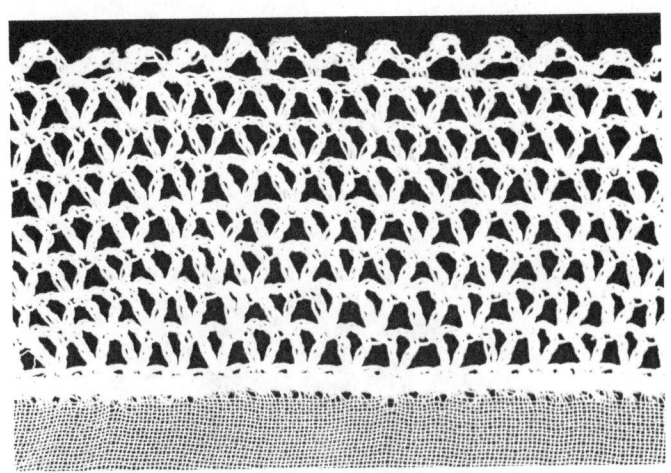

Abb. 14: Einfaches Muster in Deltatechnik

Spitzenmuster in Deltatechnik

1. Runde: Man häkelt 8 Luftm. und arbeitet in die 1. Luftm. 5mal [1 Doppelstb., 3 Luftm.]. Runde mit 1 Kettm. in die 5. Luftm. vom Rundenbeginn schließen.
2. Runde: 7 Luftm.; 1 Doppelstb. in die Kettm. der Vorr.; in jedes folgende Doppelstb. der Vorrunde 1 Doppelstb., 3 Luftm., 1 Doppelstb., 3 Luftm., 1 Doppelstb. häkeln. Runde endet mit 1 Doppelstb. in die Kettm. der Vorrunde; 3 Luftm.; 1 Kettm. in die 4. der 7 Luftm. vom Beginn der Runde.
3. Runde: 7 Luftm.; 1 Doppelstb. in die Kettm. der Vorr.; ✱ 1 Doppelstb.; 3 Luftm.; 1 Doppelstb. in die 2 zus. abgemaschten Doppelstb. der Vorr.; 1 Doppelstb.; 3 Luftm.; 1 Doppelstb.; 3 Luftm.; 1 Doppelstb. in das folgende

einzelne Doppelstb. der Vorr. Von ✻ ab wiederholen. Runde endet mit 1 Doppelstb. in die Kettm. der Vorr.; 3 Luftm.; 1 Kettm. in die 4. der 7 Luftm. vom Rundenbeginn.

4. Runde: 6 Luftm.; 1 Pikot; 2 Luftm.; 3 zus. abgemaschte Doppelstb. in die 4. Luftm.; 1 Doppelstb. in die Kettm. der Vorr. In jedes Doppelstb. der Vorr. (ob 2 zus. abgemaschte oder einzelne, ist egal) 1 Doppelstb.; 2 Luftm.; 1 Pikot; 2 Luftm.; 3 zus. abgemaschte Doppelstb. in das 1. Doppelstb.; 1 Doppelstb. in das Doppelstb. der Vorrunde. Runde endet mit 1 Doppelstb. in die Kettm. der Vorr., 2 Luftm., 1 Pikot, 2 Luftm., 3 zus. abgemaschte Doppelstb. in das Doppelstb., 1 Kettm. in die 4. Luftm. der 6 Luftm. vom Rundenbeginn.

Abb. 15: Spitzenmuster in Deltatechnik

Häkelschrift zu Abbildung 15:

Erklärung der Häkelschriftsymbole siehe Seite 9 f.

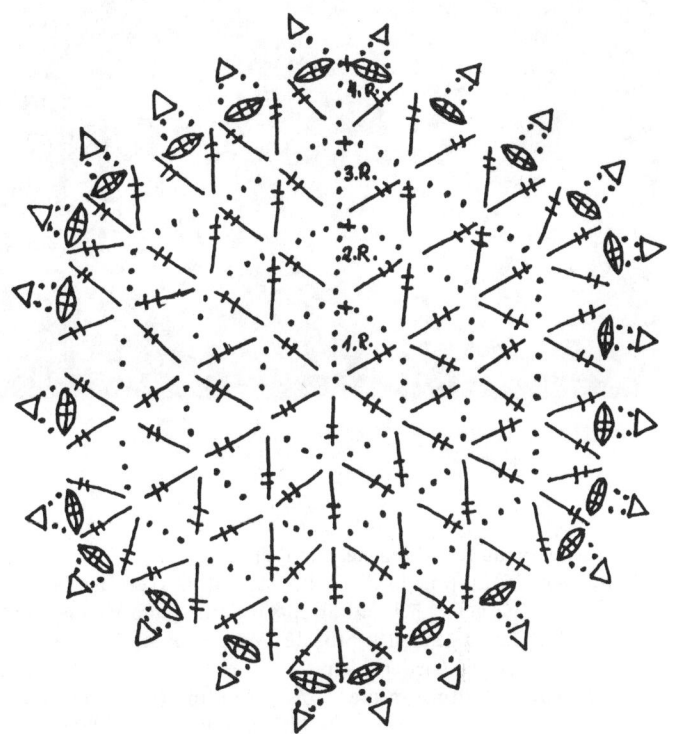

Brügger Häkelei

Mit dieser Häkeltechnik kann man besonders schöne spitzenähnliche Muster erzielen. (Es soll dabei die echte geklöppelte Brügger Bändchenspitze nachgeahmt werden.) Sie besteht zur Hauptsache aus gehäkelten Bändchen, die entweder schon während des Häkelns durch feste Maschen oder Luftmaschenstege zu Mustern zusammengestellt werden oder anschließend durch einen Mustergrund miteinander verbunden werden.

Herstellung von Bändchen

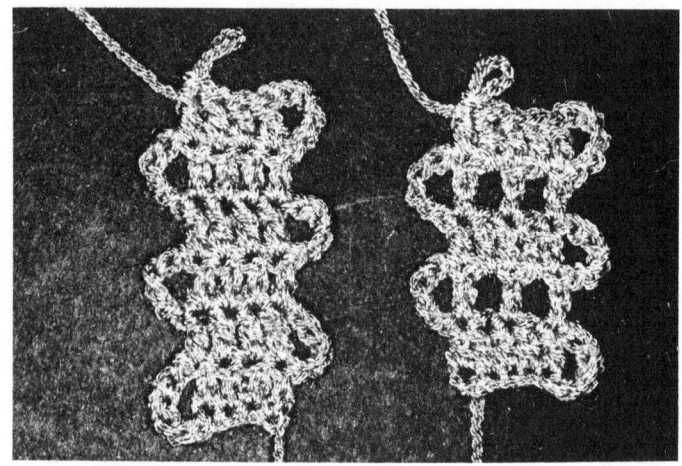

Abb. 16: Herstellung von Bändchen

Man arbeitet in hin- und hergehenden Reihen.

1. Bändchen: 10 Luftm.; in die 7. bis 10. Luftm. (von der Nadel aus gerechnet) je 1 Stb.; ✽ 6 Luftm. zum Wenden; in die folgenden 4 Stb. der Vorr. je 1 Stb. Von ✽ ab ständig wiederholen.

2. Bändchen: 11 Luftm.; in die 7. bis 11. Luftm. (von der Nadel aus gerechnet) je 1 Stb.; 6 Luftm. zum Wenden; 1 Stb. und 1 Luftm.; 1 M. der Vorr. übergehen; 1 Stb. und 1 Luftm.; 1 M. der Vorr. übergehen; 1 Stb. Nach 6 Luftm. zum Wenden werden wieder 5 Stb. gehäkelt, dann wieder 6 Luftm. und 3 jeweils durch 1 Luftm. getrennte Stb. und so weiter.

Dies sind nur zwei Arten, wie ein Bändchen gehäkelt werden kann. Es gibt aber sehr viele verschiedene Möglichkeiten.

Farbtafel I:
Oben links: Modell 1, Blütenkissen. Beschreibung auf Seite 109–110.
Oben rechts: Modell 2, Behäkelter Ring. Beschreibung auf Seite 110–111.
Unten: Modell 3, Vogelmotiv. Beschreibung auf Seite 111–112.

Verbinden der Bändchen zu Mustern

Zusammenhäkeln:

Für den Musterbogen beim Häkeln der 6 Wendeluftmaschen die beiden vorangegangenen Luftmaschenbögen mit einhäkeln (bei der 3. Luftmasche). Anschließend (jeweils auf der Innenseite des Musterbogens) den folgenden Luftmaschenbogen des unteren Bändchens mit dem oberen, den man gerade häkelt, bei der 3. Luftmasche mit einer festen Masche zusammenfassen (siehe Abb. 17).

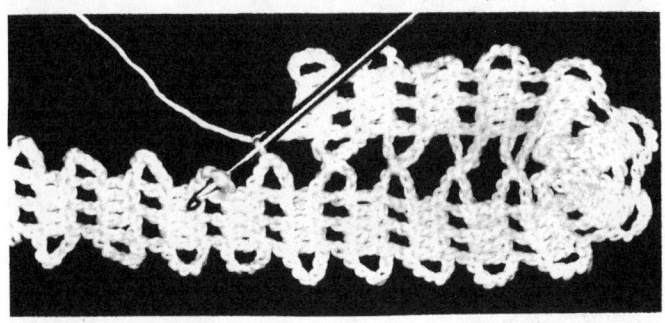

Abb. 17: Zusammenhäkeln

Verbinden durch Stege und Spinnen:

Die Luftmaschenbögen des Bändchens können auch, wie es in Abbildung 18 gezeigt wird, durch Luftmaschenstege oder, im Fall eines Kreises, durch sogenannte Spinnen verbunden werden.

Arbeitsweise:

Durch 2 innen im Kreis liegende Luftm.-Bögen gleichzeitig einstechen, 4 Luftm. häkeln; 1 Pikot (4 Luftm., 1 feste M. zurück in die 1. Luftm.); ✱ 3 Umschläge; durch die folgenden 2 im Kreis liegenden Luftm.-Bögen gleichzeitig einstechen, mit den 3 Umschlägen 1 Dreifachstb. häkeln; 1 Pikot. Von ✱ ab fortlaufend wiederholen. Die Spinne mit 1 Kettm. in die 1. M. des 1. Pikots schließen.

Hinweis: Die Zahl der Luftmaschenbögen im Kreis muß durch 2 teilbar sein.

Farbtafel II:
Oben links: Modell 5, Lampenschirm. Beschreibung auf
Seite 114—115.
Oben rechts: Modell 6, Kissen. Beschreibung auf Seite 115—117.
Unten: Modell 4, Häkelbild. Beschreibung auf Seite 113—114.

Abb. 18: Verbinden durch Stege und Spinnen

Verbinden mit durchbrochenem Grund:

Häufig wird für die Motive in Brügger Häkelei ein durchbrochenes Grundmuster als Verbindung gewählt. Das kann ein gerader oder schräger, gitterartiger Netzgrund oder ein Wabengrund sein. Jede Art besteht aus Luftmaschen und Pikots und wird in hin- und hergehenden Reihen gearbeitet und unmittelbar an die Bändchenmotive angehäkelt.

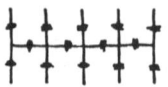  

gerader Netzgrund   *schräger Netzgrund*   *Wabengrund*

Ein Beispiel für das Verbinden der Bändchen mit dem Netzgrund zeigt Abbildung 19.

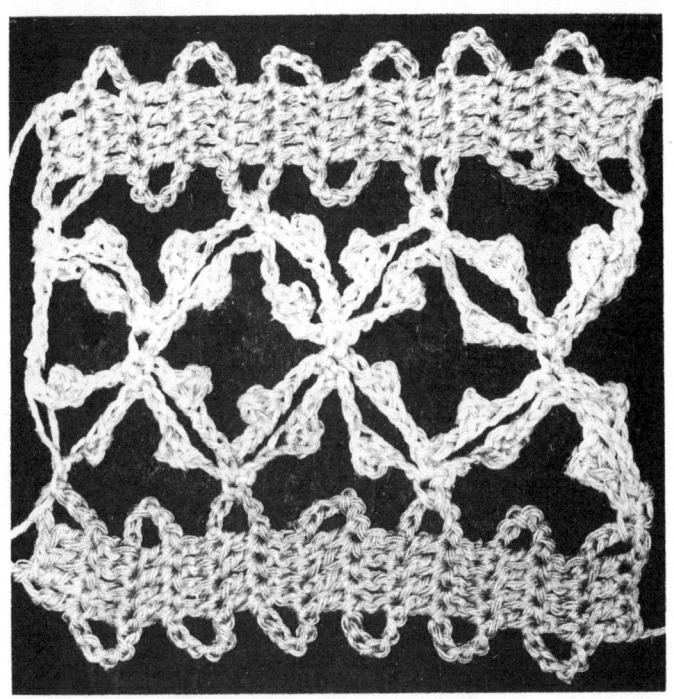

Abb. 19: Verbinden mit Netzgrund

Arbeiten des Netzgrundes:

1. Reihe: ❋ 1 feste M. in den Luftm.-Bogen des Bändchens; 2 Luftm.; 1 Pikot; 5 Luftm.; 1 Pikot; 2 Luftm. Von ❋ ab wiederholen, aber erst in den übernächsten Luftm.-Bogen des Bändchens die folgende feste Masche.

2. Reihe: ❋ 1 feste M. in die feste M. (über dem Luftm.-Bogen des Bändchens); 2 Luftm.; 1 Pikot; 2 Luftm.; 1 feste M. in die 3. Luftm. der 5 Luftm. der Vorr.; 2 Luftm.; 1 Pikot; 2 Luftm. Von ❋ ab wiederholen.

3. und 4. Reihe werden ebenso wie 1. und 2. gehäkelt, aber versetzt. Bei der 4. Reihe wird das obere Bändchen angehäkelt.

Bändchenhäkelei

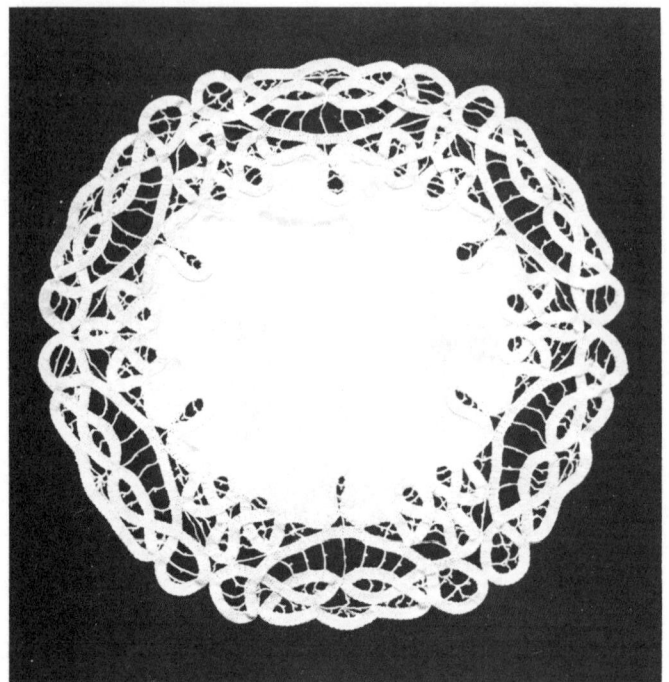

Abb. 20: Bändchenmuster mit Langettenstegen

Bei dieser Abart der Brügger Häkelei wird ein einfaches Bändchen ohne Luftmaschenbögen gehäkelt. (Bei Abb. 20 besteht jede Bändchenreihe aus 4 Stäbchen.) Die verbindenden Stege arbeitet man durch einen gespannten Faden, der eng mit Langettenstichen (Schlingstich) umschlungen wird.

Bändchenmuster mit Langettenstegen

Als Vorlage für das Legen des Bändchens sowie für die Anordnung der Langettenstege benützt man ein Stück dünnen Stoffes (beispielsweise Batist), auf den das Muster in Originalgröße gezeichnet ist. Nun wird das Bändchen in der nötigen Länge gehäkelt und, dem Muster entsprechend, auf dem Stoff mit Heftstichen befestigt. Dabei ist zu beachten, daß die Bändchen an den Innenseiten von

Rundungen etwas eingehalten, an den Außenseiten etwas gedehnt werden müssen. Die Stege werden – wie in der Vorlage angegeben – gespannt und mit Schlingstichen eng eingefaßt. Hier sollte man Sorge tragen, daß sowohl beim Spannen als auch beim Umschlingen der Fäden der Batistgrund *nicht* mitgefaßt wird. Nach Beendigung aller Stege trennt man den Batist vorsichtig ab.
Anschließend näht man die Spitze auf den für das Deckchen vorgesehenen Stoff auf und versäubert mit kleinen Stichen die Stoffkanten.

Irische Häkelei

Die irische Häkelspitze ahmt die venezianische Rosalienspitze nach – eine besonders schöne und kunstvolle Spitzenart aus dem 17. Jahrhundert. Die reliefartige Wirkung der irischen Häkeltechnik wird durch Blumen-, Blättchen- oder Stengel-Motive erreicht, die sich plastisch von einem zarten Netzgrund abheben. Die Motive werden entweder in den Netzgrund eingearbeitet oder einzeln angefertigt und aufgenäht. Lange Zeit – vor allem nach den Jahren der schlimmen Hungersnot in Irland in der Mitte des vorigen Jahrhunderts – war die Herstellung dieser Häkelspitze in Heimarbeit eine wichtige Einnahmequelle für die armen Bevölkerungsschichten.
Von Irland kam diese Häkelart auch in die Bretagne, wo sie – leicht abgewandelt – als **bretonische Spitze** bekannt wurde. Ähnlich in Aussehen und Ausführungsart ist auch die **Wiener Häkelspitze**.
Früher wurde irische Häkelei ausschließlich aus dünnen Baumwollgarnen angefertigt. Heute verwendet man die verschiedensten Materialien, von Baumwolle über Wolle bis zu Mikro-Bast.
Die plastische Wirkung der Motive wird in der irischen Häkelei oft durch einen Formfaden erzielt, den man nach dem Verlauf des gewünschten Musters schlingt, und der anschließend umhäkelt wird (Abb. 21 und Abb. 22).

Abb. 21:
Legen des Formfadens

Abb. 22:
Umhäkeln des Formfadens

Irisches Quadratmuster mit Rosette und Pikots

Abb. 23: Irisches Quadratmuster mit Rosette und Pikots

16 Luftm. mit einer Kettm. zum Ring schließen.

1. Runde: 3 Luftm.; 31 Stb. in den Ring häkeln; Runde mit einer Kettm. in die 3. Luftm. vom Rundenbeginn schließen.

2. Runde: 7 Luftm.; ✽ 3 Stb. der Vorr. überspringen; 1 feste M. auf das nächste Stb. der Vorrunde; 6 Luftm. Von ✽ ab wiederholen. Runde mit 1 Kettm. in die 1. der 7 Luftm. vom Rundenbeginn schließen. (Ergibt 8 Luftm.-Bögen.)

3. Runde: 3 Luftm.; 5 Stb. um den 1. Luftm.-Bogen der Vorrunde; ✽ 6 Luftm., 6 Stb. um den nächsten Luftm.-Bogen der Vorrunde. Von ✽ ab wiederholen. Runde mit 1 Kettm. in die 3. Luftm. vom Rundenbeginn schließen.

4. Runde: Mit 3 Kettm. bis zum 3. Stb. der Vorr. vorhäkeln; 1 Luftm.; ✽ 13 Stb. um den Luftm.-Bogen der Vorr.; 3 Stb. der Vorr. überspringen; 1 feste M. zwischen das 3. und 4. Stb. der 6 Stb. der Vorr. Von ✽ ab wiederholen. Runde mit 1 Kettm. schließen.

5. Runde: 6 Kettm. über den 1. Stb.-Bogen der Vorr. bis zum 5. Stb.; 5 Luftm., 1 Dreifachstb. in das 7. Stb. der Vorr.; ✽ 5 Luftm.; 1 Doppelstb. in das 11. Stb. der Vorr.; 1 Pikot; 1 Doppelstb. in das 2. Stb. des nächsten Stb.-Bogens der Vorr.; 1 Pikot; 1 halbes Stb. in das 7. Stb. des Stb.-Bogens; 1 Pikot; 1 Doppelstb. in das 11. Stb. des Stb.-Bogens; 1 Pikot; 1 Doppel-Stb. in das 2. Stb. des nächsten Stb.-Bogens der Vorr. Von ✽ ab wiederholen. Rundenbeginn von da an in der Ecke des Quadrats.

6. Runde: 1 Kettm. zum 1. Luftm.-Bogen der Vorr., 3 Luftm.; 6 Stb. um den Luftm.-Bogen. ✽ 1 Pikot; 1 Stb. in das Doppelstb. der Vorr.; 1 Pikot; 1 Stb. in das Doppelstb. der Vorr.; 1 Pikot; 1 Stb. in das halbe Stb. der Vorr.; 1 Pikot, 1 Stb. in das Doppelstb. der Vorr.; 1 Pikot; 1 Stb. in das Doppelstb. der Vorrunde; 1 Pikot; 7 Stb. um den folgenden Luftm.-Bogen der Vorr.; 4 Luftm.; 7 Stb. um den gleichen Luftm.-Bogen der Vorr. (Ecke). Von ✽ ab wiederholen. Runde endet mit 7 Stb.; 4 Luftm.; 1 Kettm. in die 3. Luftm. vom Rundenbeginn.

7. Runde: 3 Luftm.; 4 Stb. in die folgenden Stb. der Vorr. ✽ 1 Pikot; 1 Stb. in das 7. Stb. der Vorr., 6mal (1 Pikot, 1 Stb. in das folgende Stb. der Vorr.); 1 Pikot; 1 Stb. der Vorr. überspringen, 5 Stb. in die folgenden Stb. der Vorr.; 2 Stb. in den Luftm.-Bogen; 4 Luftm.; 2 Stb. in den gleichen Luftm.-Bogen (Ecke); 5 Stb. auf die folgenden Stb. der Vorr. Von ✽ ab wiederholen. Runde endet mit 1 Kettm. in die 3. Luftm. vom Rundenbeginn.

8. Runde: 3 Luftm.; 4 Stb. auf die 4 Stb. der Vorr.; ✽ 1 Luftm.; 1 Stb. der Vorr. überspringen; 1 Stb.; 8mal [1 Stb. in das Stb. der Vorr.]; 3 Luftm.; 1 Stb. in das übernächste Stb. der Vorr.; 5 Stb. in die folgenden Stb. der Vorr.; 2 Stb. in den Eck-Luftm.-Bogen der Vorr.; 4 Luftm., 2 Stb. in den Eck-Luftm.-Bogen; 5 Stb. in die folgenden 5 Stb. der Vorr. Von ✽ ab wiederholen. Runde mit 1 Kettm. in die 3. Luftm. vom Rundenbeginn schließen.

Irisches Spitzendeckchen mit plastischen Blättchen

Muster nach Häkelschrift arbeiten. Erklärung der Häkelschriftsymbole auf Seite 9 f.

Hinweis: Die 3. Runde umfaßt mehr als die Hälfte des Deckchens. Sie wird in Pfeilrichtung gehäkelt, wie auf der Häkelschrift angegeben, wobei nach einer Reihe von Luftmaschen, die in diesem Fall als Formfaden dienen, diese nochmals mit festen Maschen oder Stäbchen (wie angegeben) umhäkelt werden. Die 4. Runde beginnt man mit einem neuen Faden.

Häkelschrift zu Abbildung 24:

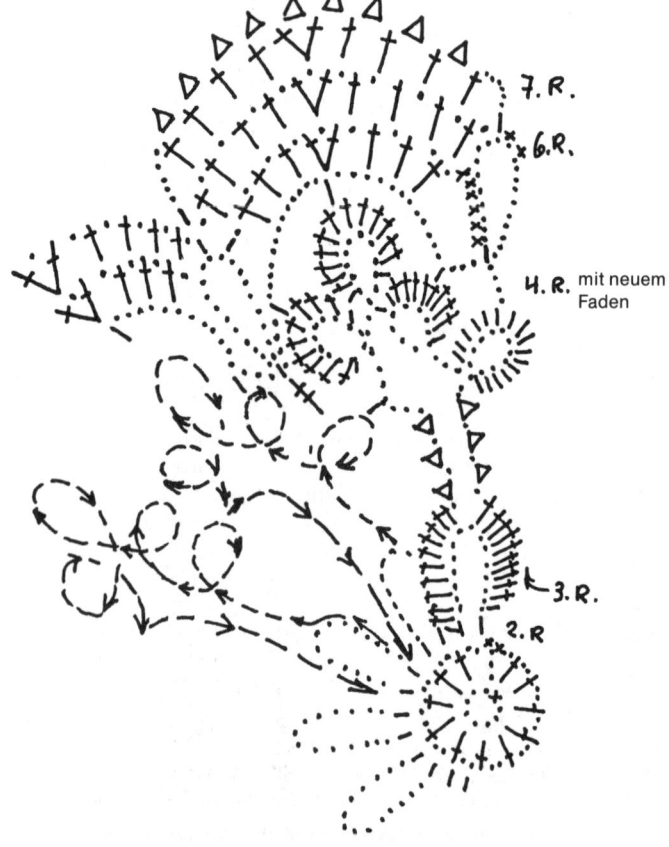

Abb. 24: Irisches Spitzendeckchen mit plastischen Blättchen (siehe auch Abbildung auf Buchumschlag)

Irisches Spitzendeckchen mit Blütenmuster

Abb. 25: Irisches Spitzendeckchen mit Blütenmuster

Muster nach Häkelschrift arbeiten. Erklärung der Häkelschriftsymbole auf Seite 9 f.
In der 6. Reihe werden die Blättchen in der mit Zahlen angegebenen Reihenfolge gearbeitet.

Häkelschrift zu Abbildung 25:

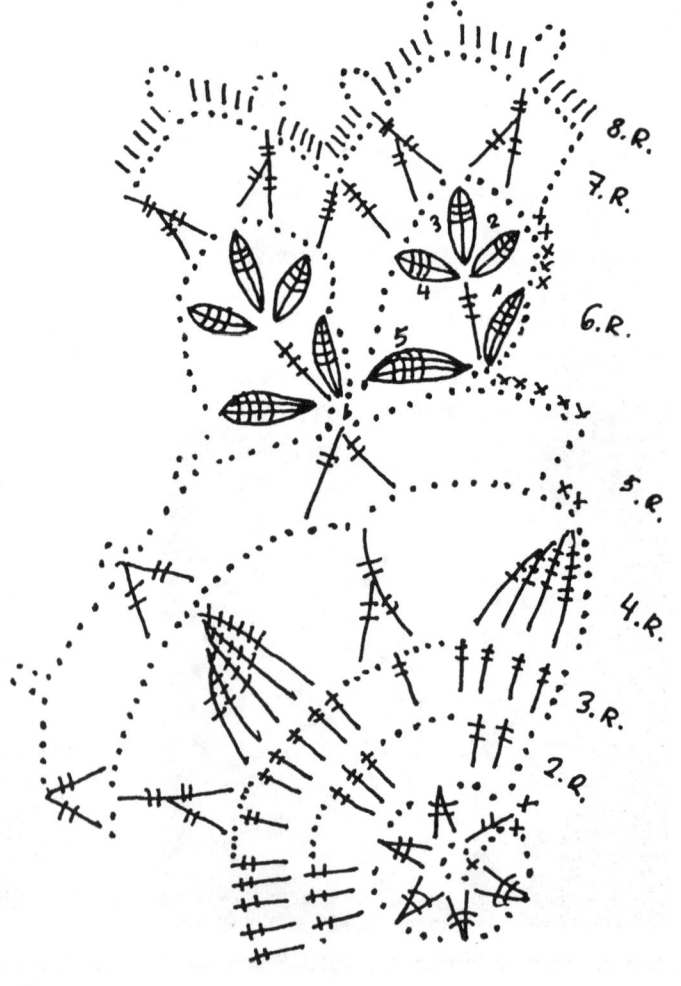

Gepure-Häkelei

Eine Abart der irischen Häkelei ist die Gepure- oder Dekorationshäkelei, die Ende des 19. Jahrhunderts aufkam. Sie ahmt die sehr plastische Gepure-Spitze nach und wurde vor allem für kostbare Gardinenhäkelei verwendet. Ebenso wie bei der irischen Häkelei kann man – muß aber nicht – einen Formfaden verwenden, der umhäkelt wird. Die einzeln gehäkelten Musterfiguren, beispielsweise Blüten, Rosetten oder Stengel, werden auf einen mehr oder weniger dichten Gepure-Netzgrund (siehe Abb. 66) aufgenäht. Den Netzgrund hält man ganz nach Belieben schlicht oder verziert ihn mit Pikots.

Plastische Rosette in Gepure-Häkelei

Abb. 26: Plastische Rosette in Gepure-Häkelei

7 Luftm. mit 1 Kettm. zum Ring schließen.

1. Runde: 2 Luftm.; 15 feste M. in den Luftmaschenring; Runde mit 1 Kettm. in die 2. Luftm. vom Rundenbeginn schließen.

2. Runde: 6 Luftm.; 1 Stb. in die 2. feste M. der Vorrunde; ✻ 3 Luftm.; 1 Stb. in die übernächste feste M. der Vorr. Von ✻ ab wiederholen. Runde mit 1 Kettm. in die 3. Luftm. der 6 Luftm. vom Rundenbeginn schließen.

3. Runde: 1 Luftm.; ✻ um den folgenden Luftm.-Bogen der Vorrunde 1 feste M., 5 Stb., 1 feste M. Von ✻ ab wiederholen. Runde mit einer Kettm. in die Luftm. vom Rundenbeginn schließen.

4. Runde: 6 Luftm.; ✻ den in der Vorrunde entstandenen Stb.-Bogen nach vorne legen; in die 2. feste M. der Vorr. nach dem Bogen 1 Kettm.; 5 Luftm. Von ✻ ab wiederholen; Runde mit einer Kettm. in die 1. Luftm. vom Rundenbeginn schließen.

5. Runde: 1 Luftm.; ✻ um den folgenden Luftm.-Bogen der Vorr. 1 feste M., 7 Stb., 1 feste M. Von ✻ ab wiederholen. Runde mit 1 Kettm. in die Luftm. vom Rundenbeginn schließen.

6. Runde: 7 Luftm.; ✻ den in der Vorreihe entstandenen Stb.-Bogen nach vorne legen; in die 2. feste M. nach dem Bogen 1 Kettm.; 5 Luftm. Von ✻ ab wiederholen. Runde mit 1 Kettm. in die 1. Luftm. vom Rundenbeginn schließen.

7. Runde: 1 Luftm.; ✻ um den folgenden Luftm.-Bogen der Vorrunde 1 feste M., 8 Stb., 1 feste M. Von ✻ ab wiederholen. Runde mit 1 Kettm. in die Luftm. vom Rundenbeginn schließen.

Blüte in Gepure-Häkelei

Abb. 27: Blüte in Gepure-Häkelei, zu Spitzenmuster zusammensetzbar

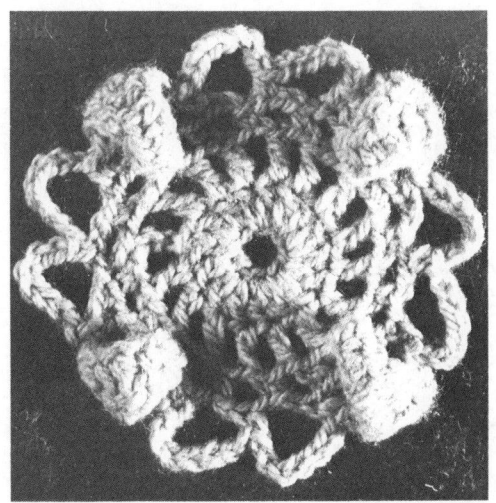

Abb. 28: Blüte in Gepure-Häkelei, als plastisches Motiv zum Aufnähen

Muster nach Häkelschrift arbeiten. Erklärung der Häkelschriftsymbole auf Seite 9 f.
Bei Abbildung 28 wurden die aus Stäbchen bestehenden 4 Spitzen (siehe Abb. 27) eingerollt und angenäht, so daß sie wie plastische Noppen wirken.

Häkelschrift zu den Abbildungen 27 und 28:

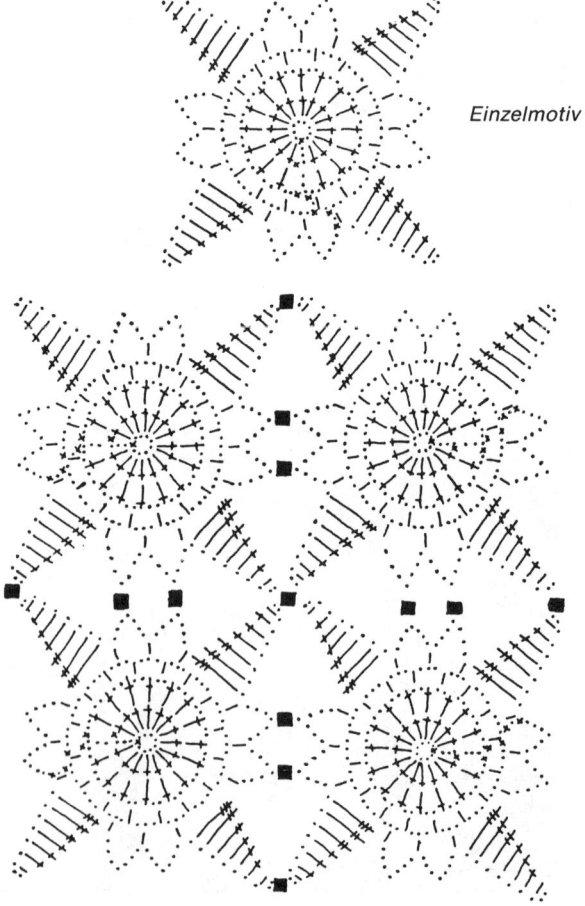

Einzelmotiv

Zusammensetzen der Motive zu einem Spitzenmuster.
■ *bezeichnet die Stelle, an der zusammengesetzt wird.*

Tunesische Häkelei

Die tunesische Häkelei – wahrscheinlich benannt nach einer Webart mit ähnlichem Strukturbild, wie sie vor allem in Tunesien üblich war – heißt auch **Strickhäkelei** oder **Viktoriahäkelei**. Sie eignet sich für Gegenstände, die besonders dicht im Gewebe und strapazierfähig sein sollen, beispielsweise für Teppiche, Decken oder dicke Jacken; sie wird aber in letzter Zeit auch häufig für Babykleidung verwendet, weil sie sich sehr gut besticken läßt und außerdem sehr warm hält.

Im Gegensatz zur üblichen Häkelei benötigt man eine lange, durchgehend gleichstarke Nadel, die am Ende mit einem Köpfchen versehen ist, um das Herabfallen der Maschen zu verhindern.

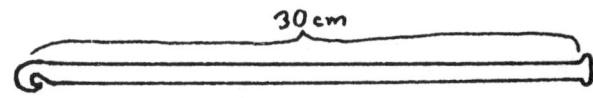

Tunesische Häkelnadel

Arbeitsweise:

Aus einer Luftmaschenreihe werden, ähnlich wie beim Stricken, so viele Maschen auf die Nadel genommen, wie man für das Werkstück braucht. Diese werden in der zweiten Reihe wie beim Häkeln abgemascht (daher die Bezeichnung *Strickhäkeln*). Man arbeitet stets auf der Vorderseite (Musterseite), und zwar jede Reihe in zwei Arbeitsgängen.

Die Reihe, in der man die Schlingen aufnimmt, um wie beim Stricken eine Anzahl Maschen auf der Nadel zu erhalten, nennt man *Schlingenreihe*. Sie wird von rechts nach links gearbeitet.

Die Reihe, in der man wie beim Häkeln die Maschen zurückgehend abmascht, heißt *Schlußreihe* und wird von links nach rechts gearbeitet.

Die verschiedenen Muster entstehen durch verschiedenartiges Einstechen bei der Maschenaufnahme in der Schlingenreihe.

Anschlag und Grundreihen:

In der für das Werkstück benötigten Breite fertigt man eine Luftmaschenkette. Anschließend wird aus jeder Luftmasche eine Schlinge geholt und – wie eine Masche – auf der Nadel liegengelassen (siehe Abb. 29).

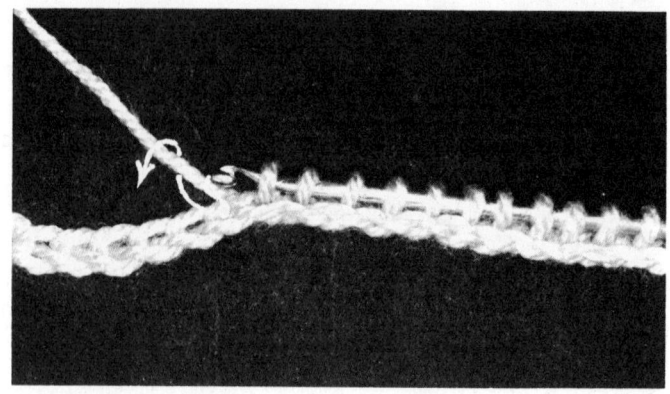

Abb. 29: Tunesische Häkelei – Schlingenreihe

Schlingenreihe:
Man beginnt bei der vorletzten Luftmasche: Von vorne nach hinten durch die Luftmasche stechen, Faden holen, als Schlinge durchziehen, auf der Nadel liegenlassen. Das wird bis zum Ende des Anschlages wiederholt. (Bei einem Anschlag von 30 Luftmaschen liegen nach einer Schlingenreihe 30 Schlingen auf der Nadel!)

Schlußreihe (siehe Abb. 30):
(von links nach rechts, *Arbeit wird nicht gewendet!*)
1 Umschlag; Faden durch die 1. Schlinge ziehen; ✸ 1 Umschlag; Faden durch die zwei ersten auf der Nadel liegenden Schlingen ziehen. Von ✸ ab wiederholen, bis nur noch eine Masche auf der Nadel liegt. Zum Schluß eine fest angezogene Luftmasche häkeln, damit die Kante fest und gerade wird.

Beachte:
1. Bei der Schlingenreihe die Schlingen gleichmäßig hochziehen; sonst wird das Maschenbild unregelmäßig.
2. In der Schlußreihe den Arbeitsfaden nur bei der 1. Masche durch eine Schlinge ziehen, sonst immer durch 2 Schlingen!
Nadelhaltung: *Häkelnadel wie eine Stricknadel halten!*

Farbtafel III:
Modell 7, Damenpulli in Filettechnik. Beschreibung auf
Seite 117–118.

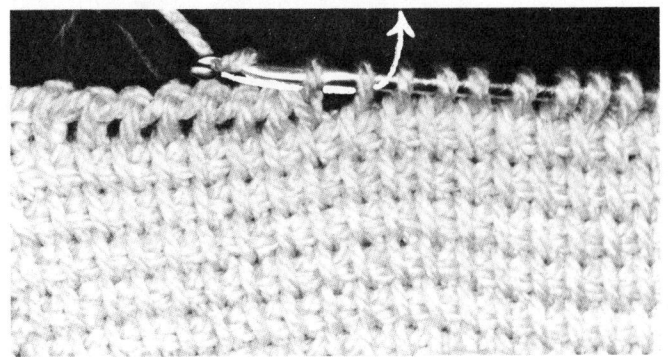

Abb. 30: Tunesische Häkelei – Schlußreihe

Fehlerquelle: Die erste Masche jeder Rückreihe ziemlich fest abmaschen, sonst wird die Arbeit schief. Am Schluß jeder Rückreihe die festgehäkelte Luftmasche nicht vergessen, sonst wird der Rand nicht gleichmäßig.

Einfacher tunesischer Häkelstich

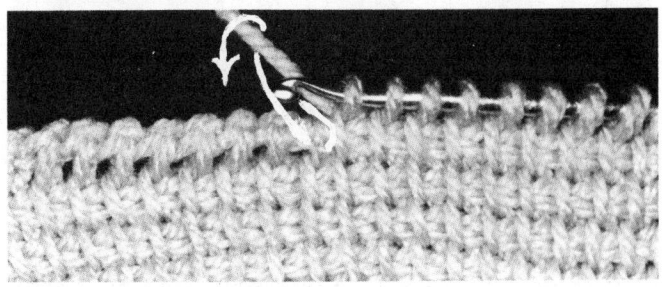

Abb. 31: Einfacher tunesischer Häkelstich

Farbtafel IV:
Modell 8, Trachtenjacke. Beschreibung auf Seite 119–121.

1. Reihe: Schlingenreihe ⎫ siehe Seite 47 f.:
2. Reihe: Schlußreihe ⎭ Anschlag und Grundreihen.
3. Reihe: Die Schlingen aus den senkrechten Maschengliedern der Vorr. holen, indem man von rechts nach links einsticht, den Faden holt und durchzieht (Abb. 31).
4. Reihe: Schlußreihe.

Die Reihen 3 und 4 werden fortlaufend wiederholt.

Links-tunesischer Stich

1. Reihe: Schlingenreihe ⎫ siehe Seite 47 f.:
2. Reihe: Schlußreihe ⎭ Anschlag und Grundreihen.
3. Reihe: Faden wie bei der gestrickten linken M. vor die Nadel legen; einstechen durch die senkrechten Maschenglieder der Vorr. (wie beim einfachen tunesischen Häkelstich); Arbeitsfaden unter die Nadel legen; Faden von unten holen; durchziehen.
4. Reihe: Schlußreihe.

Die Reihen 3 und 4 werden fortlaufend wiederholt.

Abb. 32: Links-tunesischer Stich

Tunesischer Strickstich

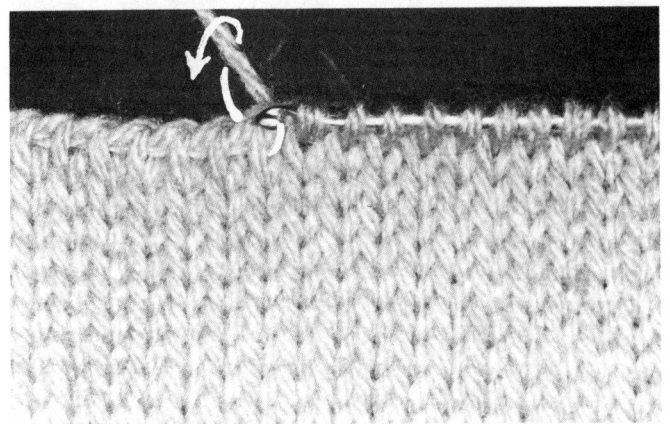

Abb. 33: Tunesischer Strickstich

1. Reihe: Schlingenreihe ⎤ siehe Seite 47 f.:
2. Reihe: Schlußreihe   ⎦ Anschlag und Grundreihen.
3. Reihe: Man führt die Nadel nicht wie sonst von rechts nach links durch die senkrecht stehende Schlinge, sondern zwischen dem vorderen und dem rückwärtig liegenden Maschenglied nach der Rückseite durch und holt dort die Schlinge.
4. Reihe: Schlußreihe.

Die Reihen 3 und 4 werden fortlaufend wiederholt.

Hinweis: Das Maschenbild wirkt wie gestrickt, ist aber wesentlich dicker und dichter als ein normales Gestrick.

Tunesischer Stich, rechts und links versetzt

1. Reihe: Schlingenreihe ⎤ siehe Seite 47 f.:
2. Reihe: Schlußreihe   ⎦ Anschlag und Grundreihen.
3. Reihe: Abwechselnd eine M. im tunesischen Strickstich, eine M. im links-tunesischen Stich arbeiten.
4. Reihe: Schlußreihe.
5. Reihe: Abwechselnd eine M. im links-tunesischen Stich, eine M. im tunesischen Strickstich arbeiten.
6. Reihe: Schlußreihe.

Die Reihen 3–6 werden fortlaufend wiederholt.

Abb. 34: Tunesischer Stich, rechts und links versetzt

Tunesisch rechts-links gestreift

Abb. 35: Tunesisch rechts-links gestreift

1. Reihe: Schlingenreihe ⎫ siehe Seite 47 f.:
2. Reihe: Schlußreihe ⎭ Anschlag und Grundreihen.
3. Reihe: Abwechselnd 2 M. im tunesischen Strickstich, 2 M. im links-tunesischen Stich arbeiten.
4. Reihe: Schlußreihe.

Die Reihen 3 und 4 werden fortlaufend wiederholt.

Hinweis: Diese Fläche wird etwas elastisch, wenn auch nicht so elastisch, wie wenn sie gestrickt wäre.

Tunesisch rechts-links im Wechsel

Abb. 36: Tunesisch rechts-links im Wechsel

Das Muster wird wie das Muster »Tunesisch rechts-links gestreift« gearbeitet, nur häkelt man in der 3. Reihe statt jeweils 2 Maschen nur je 1 Masche im Wechsel.

Tunesisch rechts-links im Schrägstreifen

1. Reihe: Schlingenreihe ⎫ siehe Seite 47 f.:
2. Reihe: Schlußreihe ⎭ Anschlag und Grundreihen.
3. Reihe: Abwechselnd 3 M. im tunesischen Strickstich; 3 M. im links-tunesischen Stich.
4. Reihe: Schlußreihe.

5. Reihe: 1 M. links-tunesisch; ✻ 3 M. im tunesischen Strickstich; 3 Maschen links-tunesisch. Von ✻ ab wiederholen. Reihe endet mit 2 M. links-tunesisch.

6. Reihe: Schlußreihe.

7. Reihe: 2 M. links-tunesisch, ✻ 3 M. im tunesischen Strickstich; 3 M. links-tunesisch. Von ✻ ab wiederholen. Reihe endet mit 1 M. links-tunesisch.

8. Reihe: Schlußreihe.

Bei jeder folgenden Reihe wird der Mustersatz um eine Masche nach links gerückt. So entstehen die Schrägstreifen.

Hinweis: Die Musterfolge muß konzentriert gehäkelt werden, sonst entstehen leicht Fehler.

Abb. 37: Tunesisch rechts-links im Schrägstreifen

Tunesischer Gitterstich

1. Reihe: Schlingenreihe } siehe Seite 47 f.:
2. Reihe: Schlußreihe } Anschlag und Grundreihen.

3. Reihe: Bei der Schlingenreihe jeweils die oberen waagrechten Maschenglieder, die zwischen den senkrechten liegen, fassen. Beginn erstmalig nach der Randm. und dem 1. senkrechten Maschenglied. Als Ausgleich für die

dadurch am Anfang der Reihe verlorene M. am Ende der Reihe je 1 Schlinge aus dem letzten querliegenden Maschenglied und zusätzlich aus der Randm. holen.

4. Reihe: Schlußreihe.

Die Reihen 3 und 4 werden fortlaufend wiederholt.

Abb. 38: Tunesischer Gitterstich

Tunesischer Füllstich

Abb. 39: Tunesischer Füllstich

1. Reihe: Schlingenreihe ⎫ siehe Seite 47 f.:
2. Reihe: Schlußreihe ⎭ Anschlag und Grundreihen.
3. Reihe: Schlingenbildung: Zwischen den beiden senkrechten Maschengliedern jeweils nach hinten durchstechen, Faden holen und durchziehen.
4. Reihe: Schlußreihe.
Die Reihen 3 und 4 werden fortlaufend wiederholt.

Hinweis: Das erste Einstechen bei Beginn der Schlingenreihe muß *versetzt* geschehen, d. h., bei der 3. Reihe vor dem 1. senkrechten Maschenglied, bei der 5. Reihe nach dem 1. senkrechten Maschenglied einstechen und so weiter. Am Schluß jeder Reihe ebenso einmal die letzte Schlinge vor dem letzten senkrechten Maschenglied holen, einmal danach, jeweils im Wechsel. Das muß unbedingt beachtet werden, sonst wird die gehäkelte Fläche schief.

Tunesischer Netzstich

Abb. 40: Tunesischer Netzstich

1. Reihe: Schlingenreihe ⎫ siehe Seite 47 f.:
2. Reihe: Schlußreihe ⎭ Anschlag und Grundreihen.
3. Reihe: Faden vor die Arbeit, aber nicht auf die Nadel legen; 2. und 3. senkrechtes Maschenglied zusammen linkstunesisch abhäkeln; Schlinge hochziehen; anschließend

zwischen dem 3. und 4. senkrechten Maschenglied nach hinten stechen, Faden holen und zur Schlinge hochziehen. Wieder Faden vor die Nadel, die nächsten 2 Maschenglieder wieder zusammen links-tunesisch abhäkeln, und aus dem folgenden Zwischenraum 1 Schlinge hochziehen. Fortlaufend wiederholen. Am Schluß der Reihe aus dem letzten Zwischenraum 1 Schlinge hochziehen und ebenso aus der Randm. 1 Schlinge hochziehen.

4. Reihe: Schlußreihe.

Die Reihen 3 und 4 werden fortlaufend wiederholt.

Tunesischer Kreuzstich und tunesischer Kreuzstich, versetzt

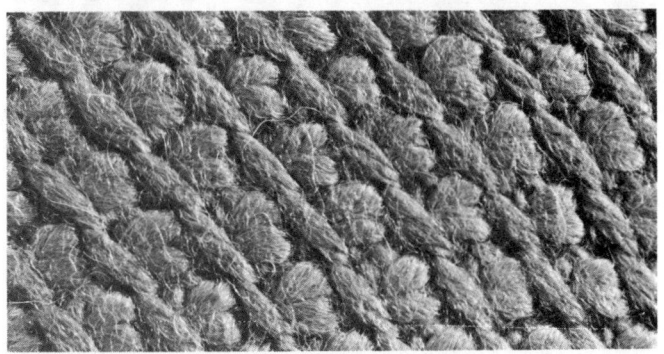

Abb. 41: Tunesischer Kreuzstich, versetzt

1. Reihe: Schlingenreihe } siehe Seite 47 f.:
2. Reihe: Schlußreihe   } Anschlag und Grundreihen.
3. Reihe: Wie beim einfachen tunesischen Stich in die senkrechten Maschenglieder einstechen, aber jeweils zuerst die Schlinge aus der zweiten, dann erst aus der ersten M. holen. Es folgt die 4. M. vor der 3. M., die 6. M. vor der 5. M. und so fort. Auf diese Art werden die Schlingen in der Schlingenreihe überkreuzt.
4. Reihe: Schlußreihe.

Die Reihen 3 und 4 werden fortlaufend wiederholt.

Der versetzte tunesische Kreuzstich wird in der gleichen Weise gearbeitet wie der tunesische Kreuzstich; nur werden die Kreuzstiche in der nächsten Schlingenreihe jeweils versetzt. Dies erreicht man, indem man zu Beginn der 5. Reihe die 1. M. einzeln auffaßt und erst die 3. M. und die 2. M. verkreuzt. Die 7. Reihe wird wieder wie die 3. Reihe gearbeitet, die 9. Reihe wieder wie die 5. Reihe und so weiter.

Tunesischer Nomottastich

Abb. 42: Tunesischer Nomottastich

1. Reihe: Schlingenreihe ⎫ siehe Seite 47 f.:
2. Reihe: Schlußreihe ⎭ Anschlag und Grundreihen.
3. Reihe: Die Nadel durch zwei senkrechte Glieder der Vorr. führen, eine Schlinge holen, mit einem erneuten Umschlag durch diese Schlinge ziehen. ✽ Zwischen den so zus. gemaschten und den 3 folgenden Gliedern der vorhergehenden Reihe 2 M. häkeln (wie feste M., nur mit dem Unterschied, daß das zweite Mal der Faden nur durch eine Schlinge geholt wird); dabei werden beide waagrechten Maschenglieder gefaßt. Die nächsten 3 senkrechten Glieder der Vorr. werden wieder mit 1 Schlinge zusammengefaßt; man zieht einen neuen Umschlag durch diese Schlinge. Von ✽ ab ständig wiederholen.
4. Reihe: Schlußreihe.

Die Reihen 3 und 4 werden fortlaufend wiederholt.

Hinweis: Dieses Muster ist etwas schwierig zu häkeln. Man muß darauf achten, daß stets die gleichen Maschenglieder der Vorreihe (jeweils übereinanderliegend) zusammengenommen werden.

Tunesisches Durchbruchmuster

Abb. 43: Tunesisches Durchbruchmuster

Luftmaschenkette

1. Reihe: Zwei Umschläge; eine Schlinge aus der fünftletzten Luftm. holen, diese Schlinge und den vorhergehenden Umschlag zus. abm.; ✱ 2 Umschläge; eine Schlinge aus der 3. folgenden Luftm. holen, diese Schlinge und den vorhergehenden Umschlag zus. abm. Von ✱ ab wiederholen.
2. Reihe: In der Schlußreihe die erste Schlinge einzeln abm.; ✱ Abmaschschlinge und den folgenden Umschlag zus. abm.; Abmaschschlinge und die folgende Schlinge zus. abm. Von ✱ ab wiederholen.
3. Reihe: 2 Luftm.; ✱ 2 Umschläge; von rechts nach links durch die folgende Schlinge und die M. der Rückreihe stechen; Faden als Schlinge holen; diese Schlinge und den vorhergehenden Umschlag zus. abm. Von ✱ ab wiederholen. Am Schluß der Reihe in die einzeln abgemaschte Schlinge einstechen.

Die Reihen 2 und 3 werden fortlaufend wiederholt.

Tunesischer Webstich

Abb. 44: Tunesischer Webstich

1. Reihe: Schlingenreihe ⎫ siehe Seite 47 f.:
2. Reihe: Schlußreihe ⎭ Anschlag und Grundreihen.
3. Reihe: In das 1. senkrechte Maschenglied der Vorr. von links unten nach rechts oben einstechen (geht etwas schwer), umschlagen, durchziehen, Schlinge locker hochziehen; in das 2. senkrechte Maschenglied von rechts nach links einstechen, umschlagen, durchziehen, locker hochziehen.
4. Reihe: Schlußreihe.
5. Reihe: Wie 3. Reihe, nur versetzt, d. h., zuerst von rechts nach links einstechen usw.
6. Reihe: Schlußreihe.

Die Reihen 3–6 werden fortlaufend wiederholt.

Hinweis: Es ist sehr wichtig, die Schlingen in der Schlingenreihe locker hochzuziehen, weil das Einstechen von links unten nach rechts oben sonst zu große Schwierigkeiten macht.

Tunesisches Muster mit Muschen

Abb. 45: Tunesisches Muster mit Muschen

Zuerst 4 Reihen im einfachen tunesischen Häkelstich arbeiten. In der 5. Reihe werden die Muschen gehäkelt. Jede Musche besteht aus drei Stäbchen, die man aus drei senkrechten nebeneinanderliegenden Maschengliedern der 1. Reihe holt (ähnlich wie Reliefstäbchen). Das erste Stäbchen wird aus der Schlinge unter jener Schlinge, durch die man eben den Faden geholt hat, genommen. Von jedem der drei Stäbchen werden nur 2 Schlingen abgemascht. Dann mascht man alle auf der Nadel liegenden Schlingen der Musche gemeinsam ab. Die hinter der Musche liegende Schlinge wird übergangen; aus den folgenden 5 senkrechten Maschengliedern der Vorreihe werden 5 Schlingen geholt. Dann wird wieder eine Musche ausgeführt, wie oben beschrieben, und so weiter.
Die Schlußreihen wie immer arbeiten.
Nach einer Reihe mit Muschen folgt eine normale Reihe im einfachen tunesischen Häkelstich. In der folgenden Reihe arbeitet man dann die Muschen versetzt zur ersten Muschenreihe.

Durch Variieren der Einstichart können Sie natürlich auch selbst noch viele tunesische Muster nach Ihrem Geschmack erfinden. Die tunesischen Muster lassen sich auch zwei- oder mehrfarbig gestalten.

Häkelmuster in Reihen

Pikotmuster

Abb. 46: Pikotmuster

Luftmaschenanschlag durch 6 teilbar + 5 Luftm.
1. Reihe: In die fünftletzte Luftm. des Anschlages 1 feste M., 2 Luftm. des Anschl. übergehen; 1 Stb.; ❋ 5 Luftm. des Anschlages übergehen; in die 6. Luftm. 1 Stb.; 1 Pikot (= 4 Luftm., in die 1. Luftm. zurück 1 feste M.); 1 Stb. Von ❋ ab wiederholen.
2. Reihe: 7 Luftm.; in die 3. Luftm. zurückstechen, 1 Stb.; 1 Pikot; 1 Stb.; ❋ 5 Luftm.; in die 3. Luftm. des Luftm.-Bogens der Vorr. 1 Stb.; 1 Pikot, 1 Stb. Von ❋ ab wiederholen. Reihe endet mit 3 Luftm.; 1 Stb., nach dem letzten Pikot der Vorr. eingehängt.

3. Reihe: 7 Luftm.; in die viertletzte Luftm. 1 feste M.; 1 Stb. auf das letzte Stb. der Vorr.; ✣ 5 Luftm.; in die 3. M. des nächsten Luftm.-Bogens der Vorr. 1 Stb.; 1 Pikot, 1 Stb. Von ✣ ab wiederholen.

Die Reihen 2 und 3 werden fortlaufend wiederholt.

Bogenmuster mit Stäbchen

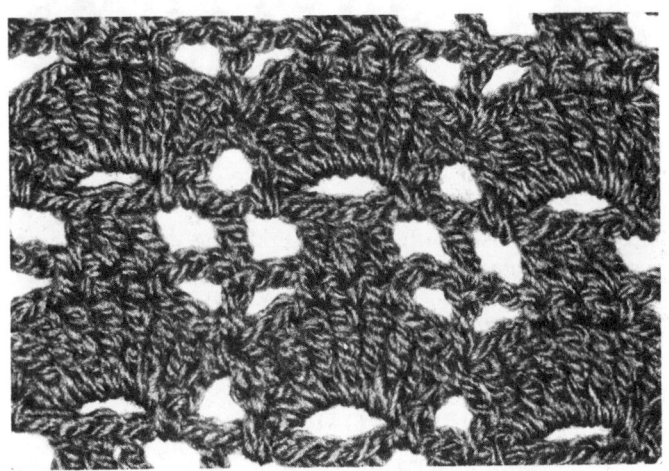

Abb. 47: Bogenmuster mit Stäbchen

Muster nach Häkelschrift arbeiten. Erklärung der Häkelschriftsymbole Seite 9 f.

Häkelschrift zu Abbildung 47:

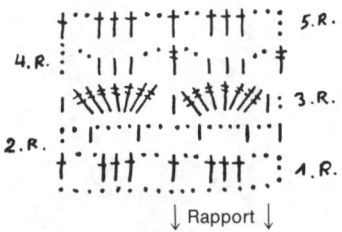

Die Reihen 2–5 werden fortlaufend wiederholt.

Reliefstäbchenmuster

Abb. 48: Reliefstäbchenmuster

Muster nach Häkelschrift arbeiten. Erklärung der Häkelschriftsymbole auf Seite 9 f.

Häkelschrift zu Abbildung 48:

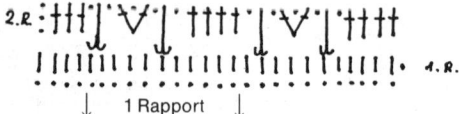

Die Reihe 2 wird fortlaufend wiederholt.

Rautenmuster

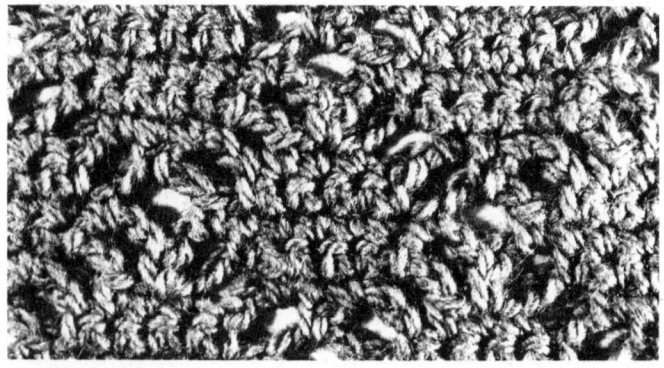

Abb. 49: Rautenmuster

Maschenzahl für Luftmaschenanschlag durch 9 teilbar + 1 Luftm.

Muster nach Häkelschrift arbeiten. Erklärung der Häkelschriftsymbole auf Seite 9 f.

Häkelschrift zu Abbildung 49:

↓ 1 Rapport ↓

Die Reihen 1–8 werden fortlaufend wiederholt.

Durchbrochenes Muschenmuster

Muster nach Häkelschrift arbeiten. Erklärung der Häkelschriftsymbole auf Seite 9 f.

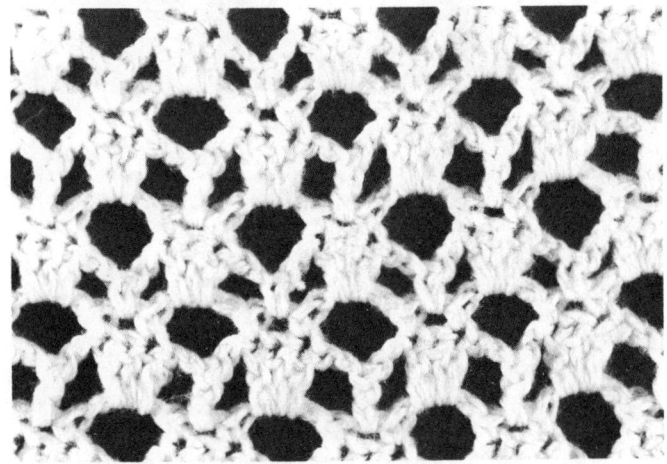

Abb. 50: Durchbrochenes Muschenmuster

Häkelschrift zu Abbildung 50:

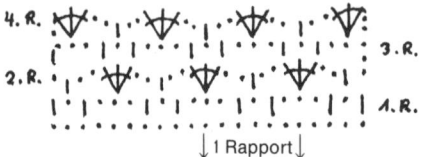

Die Reihen 1–4 werden fortlaufend wiederholt.

Quadratmuster mit Spinnen

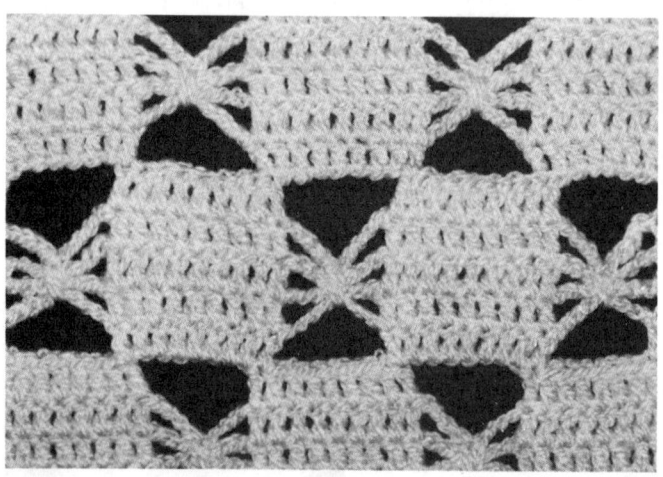

Abb. 51: Quadratmuster mit Spinnen

Luftmaschenkette.
1. Reihe: ❋ 9 Stb.; 7 Luftm.; 7 M. übergehen. Von ❋ ab wiederholen. Reihe endet mit 9 Stb.
2. und 3. Reihe wie die 1. Reihe häkeln.
4. Reihe: ❋ 9 Stb.; 4 Luftm., mit einer hochgezogenen festen M. die 3 Luftm.-Stege der Vorreihen zusammenfassen; 4 Luftm. Von ❋ ab wiederholen Reihe endet mit 9 Stb.
5. Reihe wie 1. Reihe häkeln.
6. Reihe: Das Muster wird versetzt gehäkelt: 10 Luftm.; 7 M. der Vorr. übergehen; ❋ 9 Stb.; 7 Luftm.; 7 Luftm. der Vorr. übergehen. Von ❋ ab wiederholen. Reihe endet mit 7 Luftm.; 1 Stb.

7. und 8. Reihe wie 6. Reihe häkeln.
9. Reihe: 7 Luftm.; mit einer hochgezogenen festen M. die 3 Luftm.-Stege der Vorreihen zusammenfassen; 4 Luftm.; ✽ 9 Stb.; 4 Luftm.; mit einer hochgezogenen festen M. die 3 Luftm.-Stege der Vorreihen zusammenfassen; 4 Luftm. Von ✽ ab wiederholen. Reihe endet mit 4 Luftm.; 1 Stb.
10. Reihe wie 6. Reihe häkeln.
Die Reihen 1–10 werden fortlaufend wiederholt.

Kombiniertes Muschenmuster

Abb. 52: Kombiniertes Muschenmuster

Luftmaschenanschlag.
1. Reihe: In die vorletzte Luftm. 1 feste M.; ✽ 3 Luftm.; 2 Luftm. des Anschlages übergehen; in die folgende Luftm. 1 Stb.; 3 Luftm.; 1 Stb.; 3 Luftm.; 2 Luftm. des Anschlages übergehen; 3 feste M. Von ✽ ab wiederholen.
2. Reihe: 4 Luftm.; ✽ zwischen die beiden Stb. der Vorr. 7 Stb.; 3 Luftm.; in die mittlere der 3 festen M. 1 feste M.; 3 Luftm. Von ✽ ab wiederholen.
3. Reihe: 6 Luftm.; ✽ 7 feste M. in die 7 Stb. der Vorr.; 5 Luftm. Von ✽ ab wiederholen.

4. Reihe: 4 Luftm.; 1 Stb. in die erste dieser 4 Luftm.; ✣ 3 Luftm.; 3 feste M. in die mittleren drei festen der 7 festen M. der Vorr.; 3 Luftm.; in die 3. Luftm. der Vorr. 1 Stb.; 1 Luftm.; 1 Stb. Von ✣ ab wiederholen.
5. Reihe: 3 Luftm.; 2 Stb. zwischen die 2 Stb. der Vorr.; ✣ 3 Luftm.; in die mittlere der 3 festen M. 1 feste M.; 3 Luftm.; zwischen die beiden folgenden Stb. der Vorr. 7 Stb. Von ✣ ab wiederholen.
6. Reihe: 1 Luftm.; 3 feste M.; ✣ 5 Luftm., 7 feste M. in die 7 Stb. der Vorr. Von ✣ ab wiederholen.

Die Reihen 1–6 werden fortlaufend wiederholt.

Doppelstäbchenmuster, versetzt

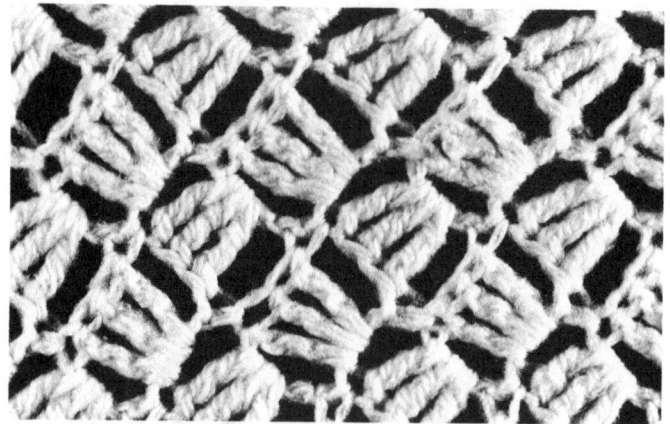

Abb. 53: Doppelstäbchenmuster, versetzt

Muster nach Häkelschrift arbeiten. Erklärung der Häkelschriftsymbole auf Seite 9 f.

Häkelschrift zu Abbildung 53:

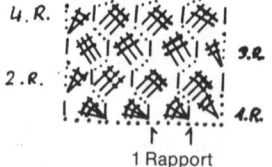

1 Rapport

Die Reihen 1–4 werden fortlaufend wiederholt.

Muschenmuster mit Doppelstäbchen

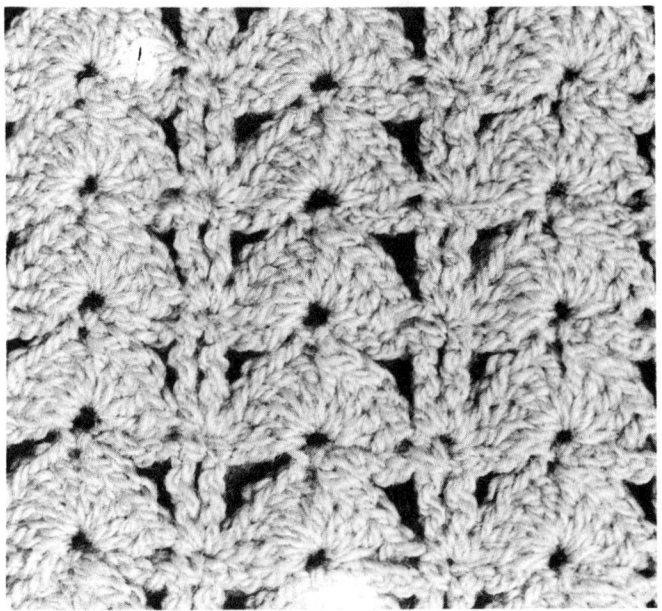

Abb. 54: Muschenmuster mit Doppelstäbchen

Luftmaschenkette durch 10 teilbar + 2 Luftm.

1. Reihe: 1 feste M. in die zweitletzte Luftm. des Anschlags; 4 Luftm. des Anschlags übergehen; ✣ in die 5. Luftm. 5 Stb.; 1 Luftm.; 5 Stb.; 4 Luftm. des Anschlags übergehen; in die 5. Luftm. 1 feste M.; 4 Luftm. des Anschlags übergehen. Von ✣ ab wiederholen. Reihe endet mit 1 festen M., 4 Luftm. zum Wenden.
2. Reihe: In die feste M. der Vorr. 1 Doppelstb.; ✣ 4 Luftm.; um die Luftm. nach den 5 Stb. 1 feste M.; in die folgende feste M. 2 Doppelstb. Von ✣ ab wiederholen. Reihe endet mit 2 Doppelstb.
3. Reihe: 1 Luftm.; ✣ zwischen die beiden Doppelstb. 1 feste M.; auf die feste M. über den 10 Stb. der Vorr. wieder 5 Stb., 1 Luftm., 5 Stb. Von ✣ ab wiederholen. Reihe endet mit 1 festen M.

Die Reihen 2 und 3 werden fortlaufend wiederholt.

Rautenpikotmuster

Abb. 55: Rautenpikotmuster

Muster nach Häkelschrift arbeiten. Erklärung der Häkelschriftsymbole auf Seite 9 f.

Häkelschrift zu Abbildung 55:

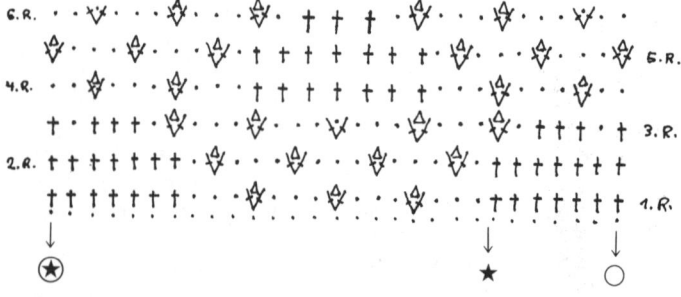

In den Hinreihen 1mal von ○ bis ★ häkeln; anschließend fortlaufend den Musterrapport von ★ bis ⊛.
In den Rückreihen fortlaufend den Musterrapport von ⊛ bis ★ häkeln; am Ende der Reihe 1mal von ★ bis ○.

Muschenmuster, durchbrochen, mit Stäbchen

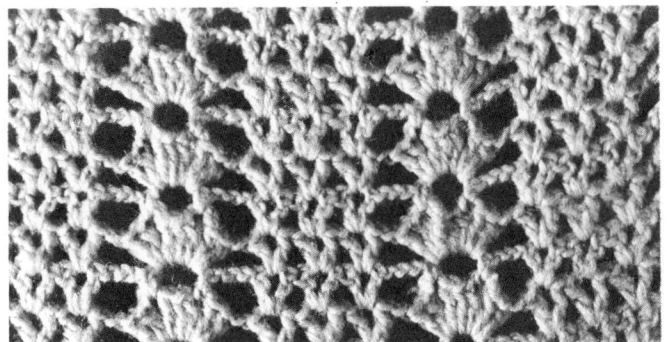

Abb. 56: Muschenmuster, durchbrochen, mit Stäbchen

Muster nach Häkelschrift arbeiten. Erklärung der Häkelschriftsymbole auf Seite 9 f.

Häkelschrift zu Abbildung 56:

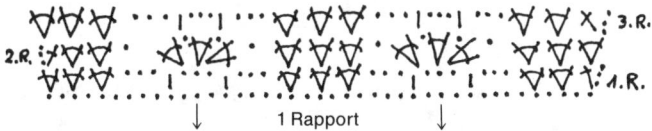

Die Reihen 2 und 3 werden fortlaufend wiederholt.

Dichtes Muschenmuster, versetzt

Abb. 57: Dichtes Muschenmuster, versetzt

Luftmaschenanzahl des Anschlags durch 6 teilbar + 1 Luftm.

1. Reihe: 1 feste M.; ✻ 2 Luftm. des Anschlags übergehen; in die 3. Luftm. 1 Stb., 1 Doppelstb., 1 Dreifachstb., 1 Doppelstb., 1 Stb.; 2 Luftm. des Anschlags übergehen; 1 feste M. Von ✻ ab wiederholen. Reihe endet mit 1 festen M. (sonst gibt es keine gerade Kante!); 5 Luftm. zum Wenden.
2. Reihe: 1 Doppelstb.; 1 Stb. in die feste M. der Vorr.; ✻ auf das Dreifachstb. der folgenden Stäbchengruppe 1 feste M.; auf die folgende feste M. der Vorr. 1 Stb., 1 Doppelstb., 1 Dreifachstb., 1 Doppelstb., 1 Stb. Von ✻ ab wiederholen. Reihe endet mit 1 Dreifachstb., 1 Luftm.
3. Reihe: 1 feste M.; ✻ in die feste M. der Vorr. 1 Stb., 1 Doppelstb., 1 Dreifachstb., 1 Doppelstb., 1 Stb.; eine feste M. auf das Dreifachstb. der Vorr. Von ✻ ab wiederholen. Reihe endet mit 1 festen M.; 5 Luftm. zum Wenden.

Die Reihen 2 und 3 werden fortlaufend wiederholt.

Muschenmuster mit Stäbchenbogen

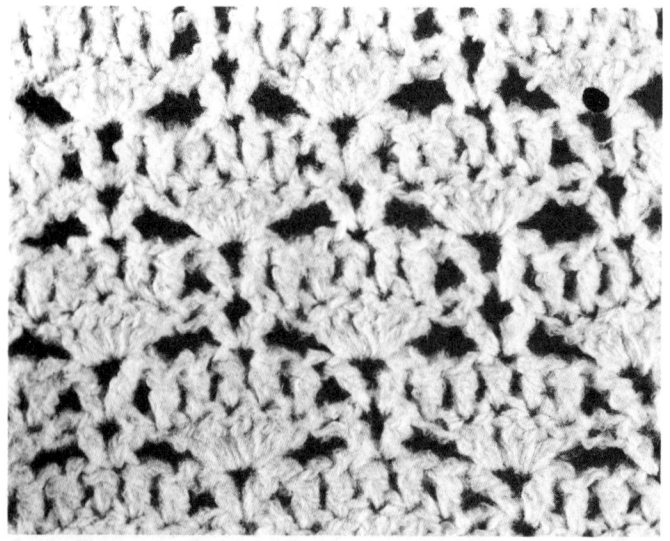

Abb. 58: Muschenmuster mit Stäbchenbogen

Muster nach Häkelschrift arbeiten. Erklärung der Häkelschriftsymbole auf Seite 9 f.

Häkelschrift zu Abbildung 58:

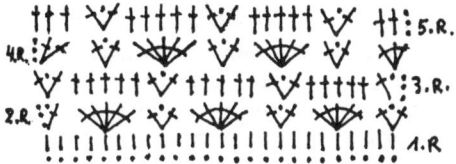

Die Reihen 2–5 werden fortlaufend wiederholt.

Reliefstäbchenflechtmuster

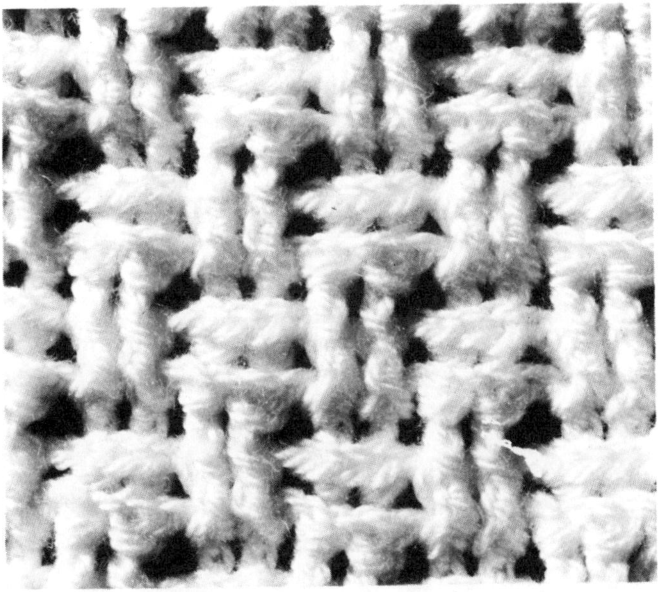

Abb. 59: Reliefstäbchenflechtmuster

Luftmaschenanschlag durch 4 teilbar.
1. Reihe: In die viertletzte Luftm. 1 Stb.; ✻ in jede 2. Luftm. des Anschlags 1 Stb., 1 Luftm. Von ✻ ab fortlaufend wiederholen. Am Ende der Reihe noch zusätzlich 3 Luftm. zum Wenden.
2. Reihe: ✻ 1 Reliefstäbchen (von vorne um das Stb. der Vorr. stechen); 1 Luftm.; 1 Reliefstb. (von vorne um das nächste Stb. der Vorr. stechen); 1 Luftm.; 1 Reliefstb. (von

hinten um das Stb. der Vorr. stechen); 1 Luftm.; 1 Reliefstb. (von hinten um das nächste Stb. der Vorr. stechen), 1 Luftm. Von ✽ ab wiederholen. Am Ende der Reihe zusätzlich 3 Luftm. zum Wenden.
3. Reihe: Muster wie in der 2. Reihe häkeln; auf jedes Reliefstb. von vorne kommt wieder eines von vorne, auf jedes von hinten wieder eines von hinten.
4. Reihe: Muster wie in der 2. Reihe häkeln, jedoch versetzt, d. h. zuerst die Reliefstb. von hinten, dann erst die von vorne.
5. Reihe: Muster wie in der 4. Reihe: Auf jedes Reliefstb. von hinten wieder eines von hinten, auf jedes von vorne wieder eines von vorne.

Die Reihen 2–5 werden fortlaufend wiederholt.

Hinweis: Man vergißt sehr leicht die Luftmasche nach dem Reliefstäbchen.

Sternmuster

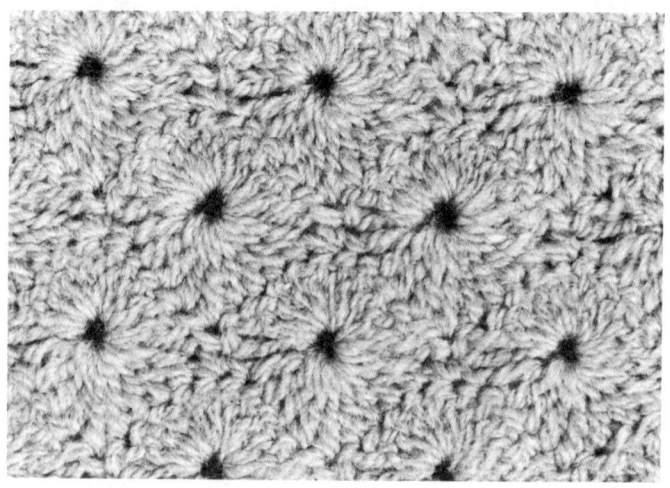

Abb. 60: Sternmuster

Luftmaschenkette durch 8 teilbar + 2 Luftm.
1. Reihe: ✽ 1 feste M.; 3 Luftm. des Anschlags übergehen; in die 4. Luftm. 9 Stb.; 3 Luftm. des Anschlags übergehen. Von ✽ ab wiederholen. Reihe endet mit 1 festen M.; 3 Luftm. zum Wenden.

2. Reihe: Auf die nächsten 4 Stb. je ein halbfertiges Stb. arbeiten (die Schlinge auf der Nadel stehen lassen); dann alle 5 auf der Nadel liegenden Schlingen gemeinsam abm., mit einer Luftm. festigen; 3 Luftm.; ✲ auf das 5. Stb. der Vorr. eine feste M.; 3 Luftm.; auf die nächsten 9 M. der Vorr. (4 Stb., 1 feste M., 4 Stb.), je ein halbfertiges Stb. arbeiten; dann alle 10 auf der Nadel liegenden Schlingen gemeinsam abm., mit einer Luftm. festigen; 3 Luftm. Von ✲ ab wiederholen. Reihe endet mit 4 halbfertigen Stb., die gemeinsam abgemascht werden; 3 Luftm. zum Wenden.

3. Reihe: In die Luftm. der vier abgemaschten Stb. der Vorr. 4 Stb., ✲ auf die feste M. der Vorr. 1 feste M.; in die abschließende Luftm. der 9 abgemaschten Stb. der Vorr. 9 Stb. Von ✲ ab wiederholen. Reihe endet mit 4 Stb. auf den halben Stb.-Bogen der Vorr. Mit 3 Luftm. wenden.

Die Reihen 2 und 3 werden fortlaufend wiederholt.

Spinnenmuster auf Gittergrund

Abb. 61: Spinnenmuster auf Gittergrund

Muster nach Häkelschrift arbeiten. Erklärung der Häkelschriftsymbole auf Seite 9 f.

Häkelschrift zu Abbildung 61:

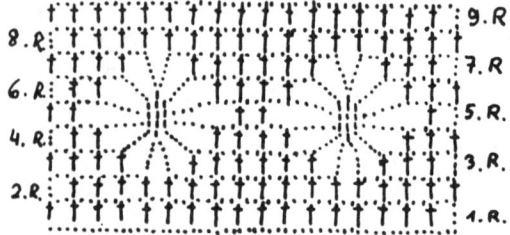

Die Reihen 1–8 werden fortlaufend wiederholt.

Rhombenmuster, durchbrochen

Abb. 62: Rhombenmuster, durchbrochen

Muster nach Häkelschrift arbeiten.

Häkelschrift zu Abbildung 62:

- • = Luftm.
- † = Stb.
- ⋇ = 5 Stb. in 1 Einstichstelle
- ⋀ = 5 zus. abgemaschte Stb.

Die Reihen 1–4 werden fortlaufend gehäkelt.

Waagrechtes Muschenmuster

Abb. 63: Waagrechtes Muschenmuster

Muster nach Häkelschrift arbeiten. Erklärung der Häkelschriftsymbole auf Seite 9 f.

Häkelschrift zu Abbildung 63:

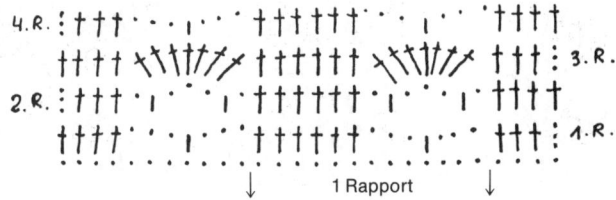

Die Reihen 2–4 werden fortlaufend gehäkelt.

Durchbrochenes Rautenmuster

Abb. 64: Durchbrochenes Rautenmuster

Muster nach Häkelschrift arbeiten. Erklärung der Häkelschriftsymbole auf Seite 9 f.

Häkelschrift zu Abbildung 64:

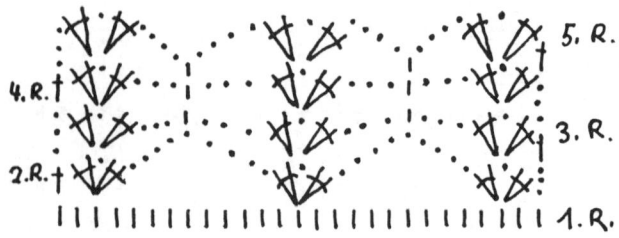

Die Reihen 2–5 werden fortlaufend wiederholt.

Phantasiemuster

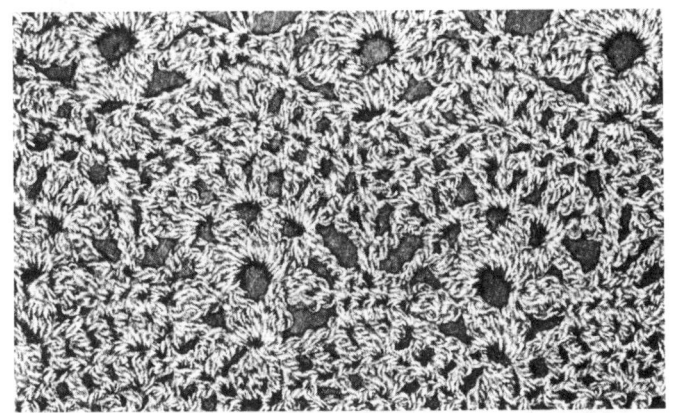

Abb. 65: Phantasiemuster

Häkelschrift zu Abbildung 65:

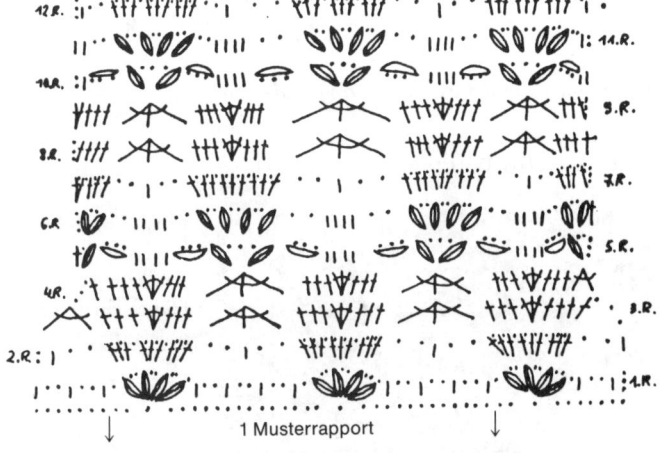

1 Musterrapport

- • = Luftm.
- | = feste M.
- † = Stb.
- ⓘ = Büschelm. 3fach
- ⩚ = 3 zus. abgemaschte Stb.
- ⩔ = 3 Stb. in eine Einstichstelle
- ⌣ = 3 Luftm., 2mal mit 1 Umschlag Faden holen, wie 1 Stb. beenden

Die Reihen 3–12 werden fortlaufend wiederholt.

Einfaches Netzmuster

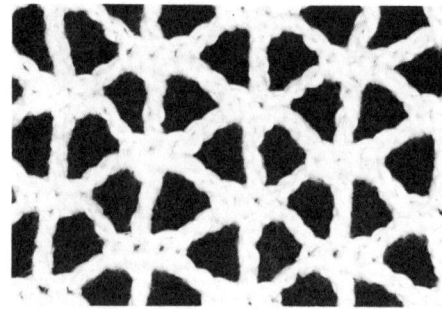

Muster nach Häkelschrift arbeiten. Erklärung der Häkelschriftsymbole auf Seite 9 f.

Abb. 66: Einfaches Netzmuster

Häkelschrift zu Abbildung 66:

Die Reihen 2 und 3 werden fortlaufend wiederholt.

Bäumchenmuster

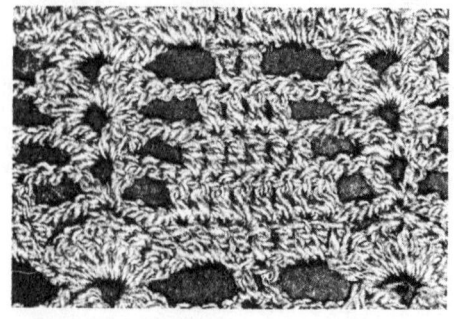

Muster nach Häkelschrift arbeiten. Erklärung der Häkelschriftsymbole auf Seite 9 f.

Abb. 67: Bäumchenmuster

Farbtafel V:
Modell 9, Decke und Kissen aus dreieckigen Motiven. Beschreibung auf Seite 121–122.

Häkelschrift zu Abbildung 67:

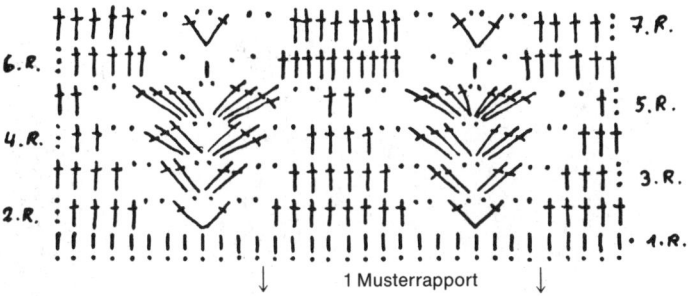

Die Reihen 3–7 werden fortlaufend wiederholt.

Rautenmuster aus Stäbchenbüscheln

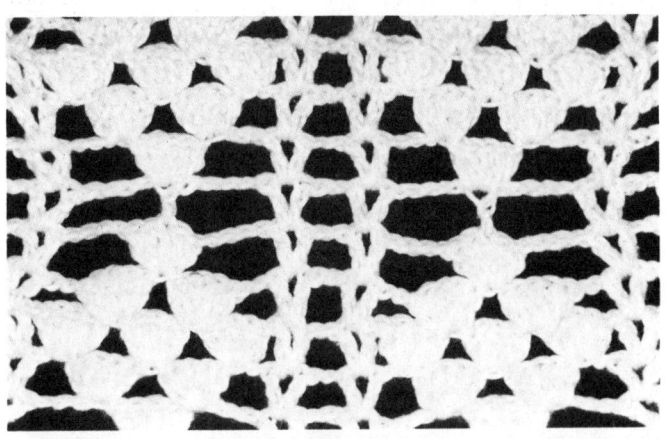

Abb. 68: Rautenmuster aus Stäbchenbüscheln

Muster nach Häkelschrift arbeiten. Erklärung der Häkelschriftsymbole auf Seite 9 f.

Farbtafel VI:
Oben: Modell 10, Decke. Beschreibung auf Seite 122–123.
Unten: Modell 11, Häkeldecke aus zwei Motivarten. Beschreibung auf Seite 123–125.

Häkelschrift zu Abbildung 68:

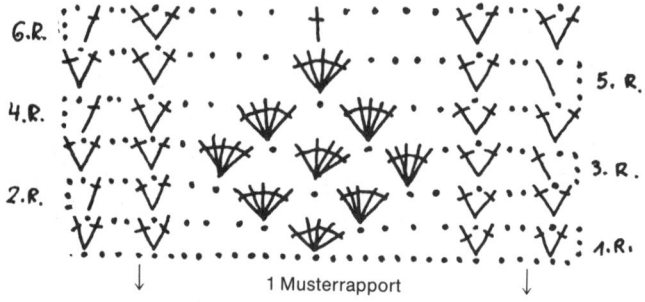

1 Musterrapport

Die Reihen 1–6 werden fortlaufend wiederholt.

Spitzenmuster mit Reliefstäbchen

Abb. 69: Spitzenmuster mit Reliefstäbchen

Muster nach Häkelschrift arbeiten. Erklärung der Häkelschriftsymbole auf Seite 9 f.

Häkelschrift zu Abbildung 69:

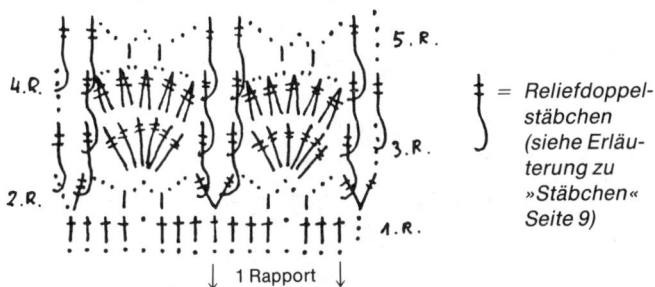

Die Reihen 2–4 werden fortlaufend wiederholt.

Dichtes Kreuzstäbchenmuster

Abb. 70: Dichtes Kreuzstäbchenmuster

Muster nach Häkelschrift arbeiten. Erklärung der Häkelschriftsymbole auf Seite 9 f.

Häkelschrift zu Abbildung 70:

✗ = zuerst wird das 2. Stäbchen gearbeitet, dann erst das 1. Stäbchen

Die Reihen 3 und 4 werden fortlaufend wiederholt.

Blütenmuster

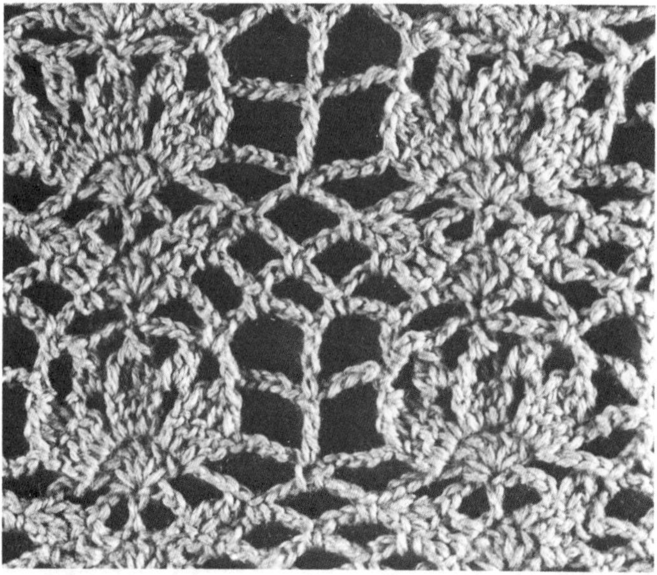

Abb. 71: Blütenmuster

Muster nach Häkelschrift arbeiten. Erklärung der Häkelschriftsymbole auf Seite 9 f.

Häkelschrift zu Abbildung 71:

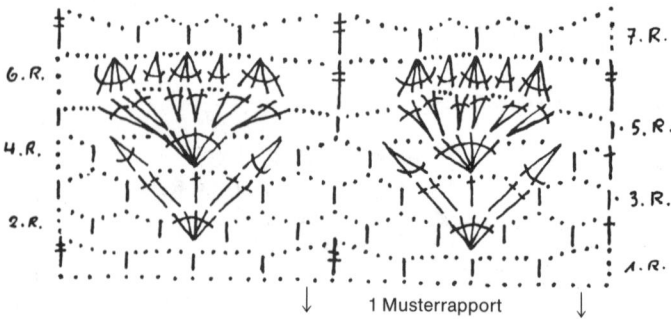

Die Reihen 2–7 werden fortlaufend wiederholt.

Blütensternchenmuster

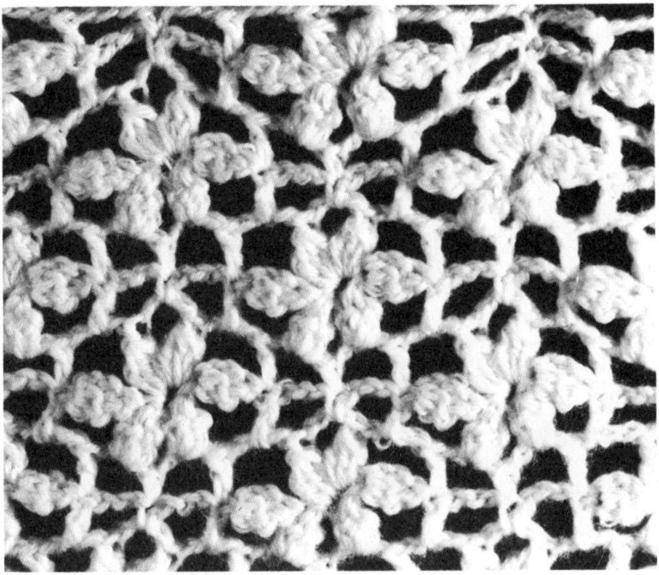

Abb. 72: Blütensternchenmuster

Muster nach Häkelschrift arbeiten. Erklärung der Häkelschriftsymbole auf Seite 9 f.

Häkelschrift zu Abbildung 72:

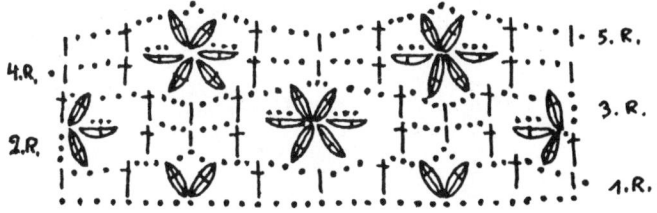

Die Reihen 2–5 werden fortlaufend wiederholt.

Büschelmaschenmuster

Abb. 73: Büschelmaschenmuster

Muster nach Häkelschrift arbeiten. Erklärung der Häkelschriftsymbole auf Seite 9 f.

Häkelschrift zu Abbildung 73:

Die Reihen 2 und 3 werden fortlaufend wiederholt.

Pikotbogenmuster

Abb. 74: Pikotbogenmuster

Muster nach Häkelschrift arbeiten. Erklärung der Häkelschriftsymbole auf Seite 9 f.

Häkelschrift zu Abbildung 74:

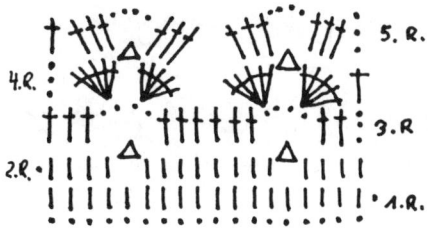

Die Reihen 4 und 5 werden fortlaufend wiederholt.

Reliefstäbchenwaffelmuster

Abb. 75: Reliefstäbchenwaffelmuster

Muster nach Häkelschrift arbeiten.

Häkelschrift zu Abbildung 75:

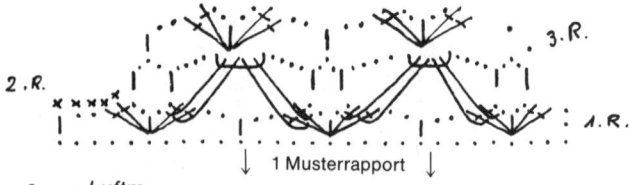

- • = Luftm.
- ✗ = Kettm.
- † = Stb.
- | = feste M.

⋎⋏ = 4 zus. abgemaschte Reliefstb., die von vorne um die Stb. der Vorreihe gestochen werden

Bogenmuster mit Büschelstäbchen

Abb. 76: Bogenmuster mit Büschelstäbchen

Muster nach Häkelschrift arbeiten. Erklärung der Häkelschriftsymbole auf Seite 9 f.

Häkelschrift zu Abbildung 76:

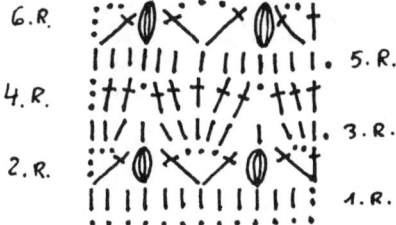

Die Reihen 3–6 werden fortlaufend wiederholt.

Muster aus Reliefstäbchenquadraten

Abb. 77: Muster aus Reliefstäbchenquadraten

Luftmaschenanzahl für den Anschlag durch 4 teilbar + 3 Luftm.

1. Reihe: Auf den Luftmaschenanschlag eine Reihe Stb. häkeln.
2. Reihe: ✽ 4 Reliefstb. (Erklärung siehe Seite 9); 4 Reliefstb., bei denen von der Rückseite aus um das jeweilige Stb. der Vorr. gestochen wird. Von ✽ ab wiederholen.
3. Reihe: Die Reliefstb. häkeln, wie sie erscheinen; dort, wo sie vorne liegen, wieder vorne arbeiten, wo sie rückwärts liegen, wieder von der Rückseite aus.
4. Reihe wie 3. Reihe.
5. Reihe: Versetzt arbeiten, d. h. die rückwärts liegenden Reliefstb. werden als normale Reliefstb. gearbeitet, bei den vorne liegenden Reliefstb. wird nun von der Rückseite aus um das Stb. gestochen.
6. Reihe: Die Reliefstb. häkeln, wie sie erscheinen (siehe 3. Reihe).
7. Reihe wie 6. Reihe.

Die Reihen 2–6 werden fortlaufend wiederholt.

Häkelmuster in Runden

Patchwork mit irischem Muster

Abb. 78: Patchworkmotiv mit irischem Muster

8 Luftm. mit einer Kettm. zum Ring schließen.

1. Runde: 1 Luftm.; 16 feste M.; Runde mit einer Kettm. schließen.
2. Runde: 1 Luftm.; 1 feste M. in die 1. feste M. der Vorrunde; 3 Luftm.; ✻ jeweils in die übernächste folgende feste M. 1 feste M., 3 Luftm. häkeln. Von ✻ ab wiederholen. Runde mit 1 Kettm. schließen.
3. Runde: 1 Kettm. um die 1. Luftm. der Vorrunde; 4 Luftm.; 3 Doppelstb. um den 1. Luftm.-Bogen der Vorrunde; 2 Luftm.; ✻ 4 Doppelstb. um den folgenden Luftm.-Bogen der Vorr.; 2 Luftm. Von ✻ ab wiederholen. Runde mit 1 Kettm. in die 4. Luftm. vom Rundenbeginn schließen.
4. Runde: 4 Luftm.; in die 3 folgenden Doppelstb. der Vorrunde 3 zus. abgemaschte Doppelstb. (= Doppelstb. jeweils bis zum letzten Umschlag häkeln, dann Schlinge auf der Nadel lassen, nächstes Doppelstb. und 3. ebenso weit häkeln, die 3 zus. mit der Luftm.-Schlinge abm.); 4 Luftm.; 1 feste M. um die 2 Luftm. der Vorr.; ✻ 4 Luftm.; 4 zus. abgemaschte Doppelstb. in die 4 folgenden Doppelstb. der Vorr.; 4 Luftm.; 1 feste M. um die 2 Luftm. der Vorr. Von ✻ ab wiederholen. Runde mit 4 Luftm. und 1 festen M. in die Spitze des 1. abgemaschten Doppelstb. schließen.
5. Runde: 9 Luftm, ✻ 1 feste M. in das folgende abgemaschte Doppelstb. der Vorr.; 9 Luftm. Von ✻ ab wiederholen. Runde mit einer Kettm. in die 1. feste M. schließen.
6. Runde: 3 Luftm.; 9 Stb. um den 1. Luftm.-Bogen der Vorr.; 10 Stb. um den 2. Luftm.-Bogen; 4 Luftm., 3mal [10 Stb. um den folgenden Luftm.-Bogen der Vorr.; 4 Luftm.]. Runde mit 1 Kettm. schließen.
7. Runde: 1 Kettm. um das 1. Stb. der Vorrunde; 4 Luftm.; 9mal [1 Stb. in das übernächste Stb. der Vorrunde; 1 Luftm.]. An der Ecke um den Luftm.-Bogen 3 Stb., 1 Luftm., 3 Stb., 1 Luftm. häkeln. ✻ Anschließend 10mal jeweils in das übernächste Stb. der Vorr. 1 Stb., 1 Luftm. häkeln. In den Luftm.-Bogen an der Ecke wieder 3 Stb., 1 Luftm., 3 Stb., 1 Luftm. Von ✻ ab noch 2mal wiederholen. Runde mit einer Kettm. in die 3. Luftm. vom Rundenbeginn schließen.

Die einzelnen Motive werden in verschiedenen Farben gehäkelt und anschließend zu dem gewünschten Gegenstand zusammengenäht, beispielsweise zu einer Decke oder einem Kissen.

Irisches Sternspitzenmuster

Abb. 79: Irisches Sternspitzenmuster

Muster nach Häkelschrift arbeiten. Erklärung der Häkelschriftsymbole auf Seite 9 f.
Zur Fertigstellung des gewünschten Gegenstandes werden die Sterne zuerst an den langen Zacken, dann an den kurzen zusammengenäht.

Häkelschrift zu Abbildung 79:

Einfaches Quadratmotiv

Abb. 80: Einfaches Quadratmotiv

12 Luftm. mit einer Kettm. zum Ring schließen.
1. Runde: 4 Luftm.; 5 Doppelstb.; 5 Luftm. ✱ 6 Doppelstb.; 5 Luftm. Von ✱ ab noch 2mal wiederholen. Runde mit 1 Kettm. schließen.
2. Runde: 1 Kettm. in das 1. Doppelstb. der Vorrunde; 2 Luftm.; in das 3., 4. und 5. Doppelstb. der Vorrunde jeweils ein halbfertiges Stb.; alle zusammen wie 1 Stb. abm.; 6 Luftm.; 1 Kettm. in die Mitte des nächsten Luftm.-Bogens der Vorr.; 6 Luftm.; ✱ 1 Büschelstb. (= in das 2., 3., 4. und 5. Doppelstb. der Vorr. jeweils ein halbfertiges Stb., alle 4 zus. zu einem Stb. abm.); 6 Luftm.; 1 Kettm. in die Mitte des nächsten Luftm.-Bogens der Vorr.; 6 Luftm. Von ✱ ab noch 2mal wiederholen. Runde mit einer Kettm. in das 1. Büschelstb. schließen.

Dreifachstäbchenmuster mit Luftmaschenbögen

Abb. 81: Dreifachstäbchenmuster mit Luftmaschenbögen

Muster nach Häkelschrift arbeiten. Erklärung der Häkelschriftsymbole auf Seite 9 f.

Häkelschrift zu Abbildung 81:

Irisches Blütenmotiv

Abb. 82: Irisches Blütenmotiv

10 Luftm. mit 1 Kettm. zum Ring schließen.
1. Runde: 5 Luftm.; anschließend 16mal [1 Stb., 1 Luftm.] in den Ring häkeln. Mit Kettm. schließen.
2. Runde: Um jede Luftm. der Vorrunde 2 feste M., 1 Luftm. häkeln. Runde mit 1 Kettm. schließen.
3. Runde: ✣ 2 M. der Vorrunde übergehen; in die folgende M. 7 Stb. häkeln; 2 M. der Vorr. übergehen; in die folgende M. 1 feste M. häkeln. Von ✣ ab wiederholen. Runde mit 1 Kettm. schließen.
4. Runde: 3 Kettm. bis zum 4. Stb. des 1. Stb.-Bogens häkeln; ✣ in das 4. Stb. 1 feste M., 4 Luftm.; in das 4. Stb. des folgenden Stb.-Bogens 2 Doppelstb., 2 Luftm., 2 Doppelstb., 2 Luftm., 2 Doppelstb., 2 Luftm., 2 Doppelstb., 4 Luftm. Von ✣ ab wiederholen. Runde mit einer Kettm. schließen.

Farbtafel VII:
Modell 12, Häkelgardine. Beschreibung auf Seite 125–126.

Rundes Deckchen mit Blütenmotiv

Abb. 83: Rundes Deckchen mit Blütenmotiv

Muster nach Häkelschrift arbeiten. Erklärung der Häkelschriftsymbole auf Seite 9 f.

Häkelschrift zu Abbildung 83:

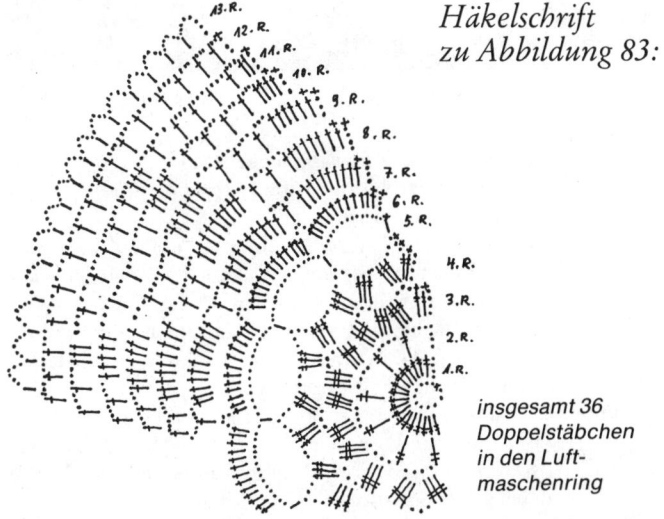

insgesamt 36 Doppelstäbchen in den Luftmaschenring

Farbtafel VIII:
Modell 13, Chanelkostüm. Beschreibung auf Seite 126–128.

Irisches Motiv – Stern

Abb. 84: Irisches Motiv – Stern

12 Luftm. mit einer Kettm. zum Ring schließen.
1. Runde: 1 Luftm.; in den Luftm.-Ring 16 feste M. häkeln; Runde mit einer Kettm. abschließen.
2. Runde: 7 Luftm.; in die 2. feste M. ein Stb.; ✽ 4 Luftm.; in die übernächste feste M. ein Stb. Von ✽ ab wiederholen. Runde mit einer Kettm. schließen.
3. Runde: 1 Luftm.; ✽ um den folgenden Luftm.-Bogen der Vorrunde 1 feste M., 5 Stb., 1 feste M. Von ✽ ab wiederholen. Runde endet mit 1 festen M.
4. Runde: ✽ 2 Kettm. bis zum 2. Stb. der Vorrunde; 1 feste M. in das 2. Stb. der Vorr.; 1 Pikot; in das 4. Stb. 1 feste M.; 1 Kettm. in das 5. Stb.; 1 Kettm. in die feste M. Von ✽ ab bei jedem Stb.-Bogen wiederholen.

Dieses Motiv kann man noch sehr gut erweitern oder mit anderen Mustern kombinieren. Die Motive lassen sich auch sehr leicht aneinanderfügen.

Popcornmuster

Abb. 85: Popcornmuster

Muster nach Häkelschrift arbeiten.

Häkelschrift zu Abbildung 85:

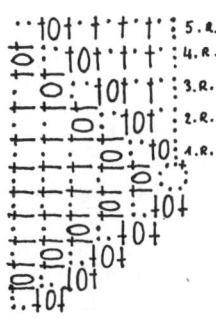

- • = Luftm.
- × = Kettm.
- † = Stb.
- 0 = Popcornm. = 5 Stb. um die Luftm. der Vorr., dann mit 1 Kettm. in das 1. Stb. von hinten zur Noppe zusammenfassen.

Spitzenmuster in irischer Häkeltechnik

Abb. 86: Spitzenmuster in irischer Häkeltechnik

Häkeln eines Motivs

8 Luftm. mit einer Kettm. zum Ring schließen.
1. Runde: 3 Luftm.; in den Luftm.-Ring 23 Stb. häkeln; mit einer Kettm. Runde schließen.
2. Runde: 7 Luftm.; 1 Doppelstb. in das 1. Stb. der Vorrunde; 3 Luftm. ✸ In die folgenden 2 Stb. der Vorr. 2 Doppelstb.; 3 Luftm. Von ✸ ab wiederholen. Runde mit einer Kettm. schließen (in die 4. Luftm. vom Rundenbeginn).
3. Runde: 1 Luftm., 1 Kettm. um den 1. Luftm.-Bogen der Vorr.; 4 Luftm. und 1 Doppelstb. um den 1. Luftm.-Bogen der Vorr.; 3 Luftm., 2 Doppelstb. um den 1. Luftm.-Bogen. ✸ Um den nächsten Luftm.-Bogen der Vorr. 2 Doppelstb., 3 Luftm., 2 Doppelstb. Von ✸ ab wiederholen.

Runde mit einer Kettm. in die 4. Luftm. vom Rundenbeginn schließen.
4. Runde: Um jeden Luftm.-Bogen der Vorr. 7 Stb. häkeln; den entstehenden Bogen mit einer Kettm. zwischen den 4 Doppelstb. der Vorrunde befestigen.
5. Runde: 3 Kettm. über die 3 ersten Stb. der Vorrunde; im 4. Stb. (Mitte des Stb.-Bogens) der Vorr. 1 feste M., 7 Luftm. Jeweils im 4. Stb. des folgenden Stb.-Bogens der Vorr. 1 feste M., 7 Luftm. Die Runde endet mit 1 Kettm. in die 1. feste M. vom Rundenbeginn.
6. Runde: 7 Luftm.; 1 Doppelstb. in die gleiche feste M.; ✿ 1 Doppelstb. in die 4. Luftm. des folgenden Luftm.-Bogens der Vorr.; 3 Luftm.; 1 Doppelstb. in die gleiche Einstichstelle wie das vorhergehende Doppelstb.; 1 Doppelstb. in die folgende feste M. der Vorrunde; 3 Luftm.; 1 Doppelstb. in die gleiche Einstichstelle wie das vorhergehende Doppelstb. Von ✿ ab wiederholen. Runde mit einer Kettm. in die 4. Luftm. der 7 Luftm. vom Rundenbeginn schließen.
7. Runde wie 3. Runde.
8. Runde wie 4. Runde.

Sternmuster zum Zusammenhäkeln von Motiven

5 Luftm. mit einer Kettm. zur Runde schließen.
1. Runde: 2 Luftm., 11 feste M. Runde mit einer Kettm. in die 1. Luftm. schließen.
2. Runde = Runde des Zusammenhäkelns:
✿ 8 Luftm.; mit einer Kettm. das 4. Stb. eines Randstb.-Bogens des Motivs anhäkeln; 8 Luftm.; in die nächste feste M. der Vorrunde 1 feste M.; 6 Luftm.; mit einer Kettm. das 4. Stb. des nächsten Randstb.-Bogens des Motivs anhäkeln; 6 Luftm.; in die nächste feste M. der Vorrunde 1 feste M.; 8 Luftm.; mit einer Kettm. das 4. Stb. des nächsten Stb.-Bogens des Motivs anhäkeln; 8 Luftm.; in die nächste feste M. der Vorrunde 1 feste M. Von ✿ ab wiederholen, dabei jedesmal 3 nebeneinanderliegende Randstb.-Bögen eines anderen Motivs anhäkeln, wie auf der Schemazeichnung dargestellt. Die 3 Randstb.-Bögen der Motive, die sich gegenüberliegen, werden am Schluß zusammengenäht (siehe Schemazeichnung).

Schemazeichnung:

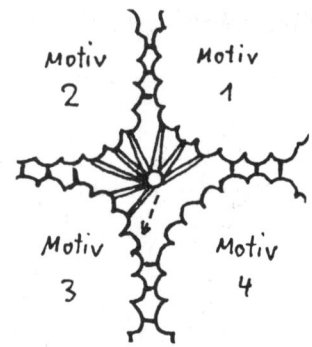

Rundes Motiv mit Quadraten aus festen Maschen

Abb. 87: Rundes Motiv mit Quadraten aus festen Maschen

Motiv nach Häkelschrift arbeiten. Erklärung der Häkelschriftsymbole auf Seite 9 f.

Häkelschrift zu Abbildung 87:

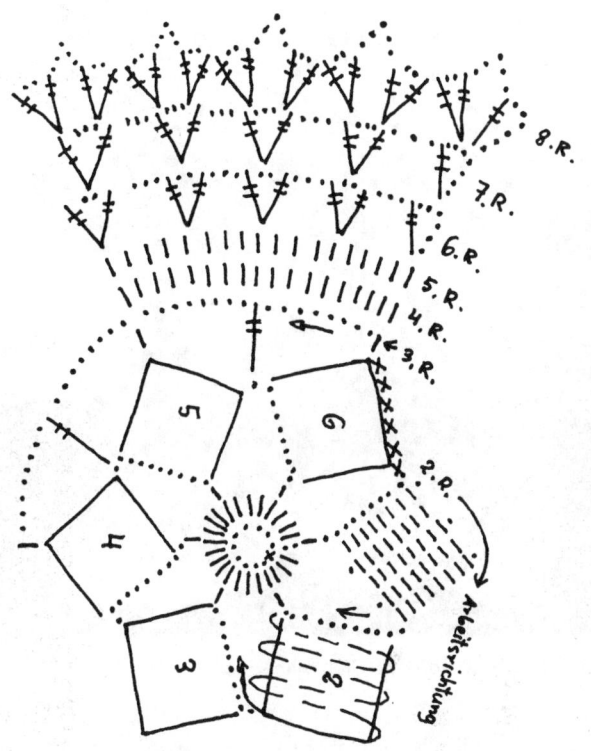

Arbeitsweise:
Nach der 1. Runde mit 24 festen Maschen in den Luftmaschenring gestaltet man die Quadrate in der 2. Runde. Beginn: 1 feste M.; 10 Luftm.; darauf 8 feste M. zurückarbeiten. Arbeit wenden, wieder 8 feste M. usw. Nach der 5. Reihe fester Maschen 9 Luftm.; mit 1 festen M. in die 1. Runde einhäkeln; auf den Luftmaschen 8 feste M. zurückhäkeln und 2. Quadrat häkeln.

Beachte: In der 2. Runde wird im Uhrzeigersinn gehäkelt. Beim 6. Quadrat häkelt man zum Schluß 6 Kettmaschen über den Rand des Quadrats und kann dann die 3. Runde wieder ganz normal gegen den Uhrzeigersinn häkeln.

Quadratmotiv mit Stäbchenbögen

Abb. 88: Quadratmotiv mit Stäbchenbögen

Muster nach Häkelschrift arbeiten. Erklärung der Häkelschriftsymbole auf Seite 9 f.

Beachte: Die Reihen 1–5 entstehen in hin- und hergehenden Reihen. Reihe 6 wird in der Runde gearbeitet, um das Quadrat aus Stäbchen und Luftmaschen herum. Die 7. Arbeitsreihe wird teils in hin- und hergehenden Reihen, teils in der Runde gearbeitet: Zuerst die festen M. mit den Luftm.-Bögen über der 1. Seite des Quadrats; Arbeit wenden; 13 feste M.; Arbeit wenden; 13 Doppelstb.; 3 Luftm.; 1 feste M. in die Ecke; 3 Kettm. über die ersten 3 Stb. der Vorr. Dann auf der 2. Seite des Quadrats wie auf der 1. Seite arbeiten (nur nach den 13 festen M. noch 3 Luftm. zurück zur festen M. in der Ecke und mit 3 Kettm. zurück zum Luftm.-Bogen gehen). Die 3. und 4. Seite des Quadrats werden wie die 2. behäkelt.

Häkelschrift zu Abbildung 88:

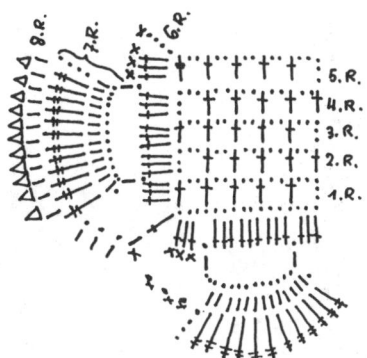

Spitzendeckchen mit Pikots

Abb. 89: Spitzendeckchen mit Pikots

Motiv nach Häkelschrift arbeiten. Erklärung der Häkelschriftsymbole auf Seite 9 f.

Häkelschrift zu Abbildung 89:

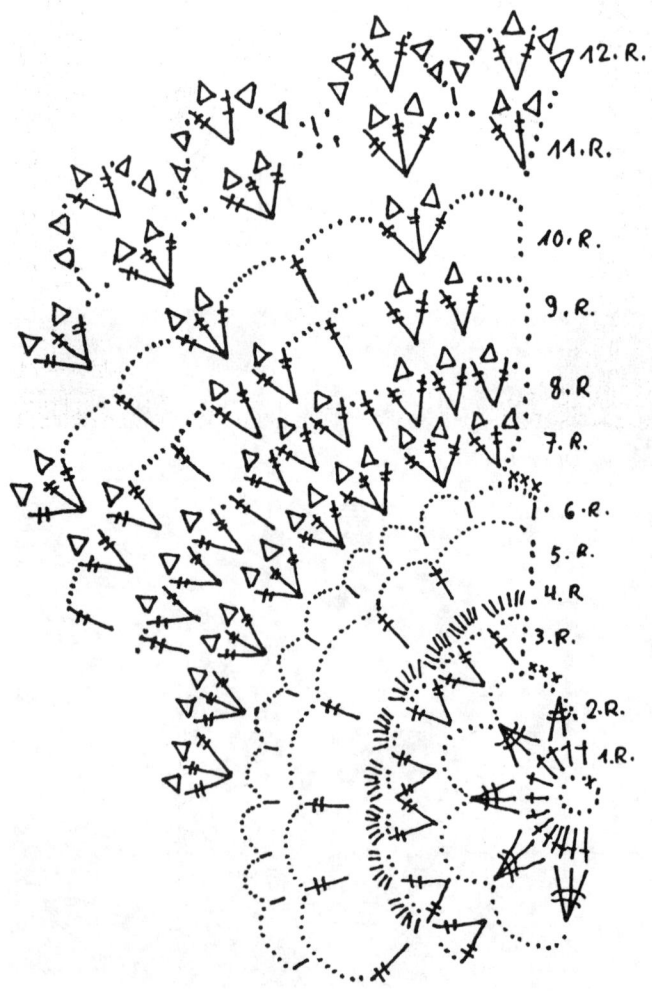

Quadratmuster mit Büschelmaschen

Abb. 90: Quadratmuster mit Büschelmaschen

Muster nach Häkelschrift arbeiten. Erklärung der Häkelschriftsymbole auf Seite 9 f.

Häkelschrift zu Abbildung 90:

Stark durchbrochenes Spitzendeckchen mit Dreifachstäbchen

Abb. 91: Stark durchbrochenes Spitzendeckchen mit Dreifachstäbchen

Muster nach Häkelschrift arbeiten. Erklärung der Häkelschriftsymbole auf Seite 9 f.

Häkelschrift zu Abbildung 91:

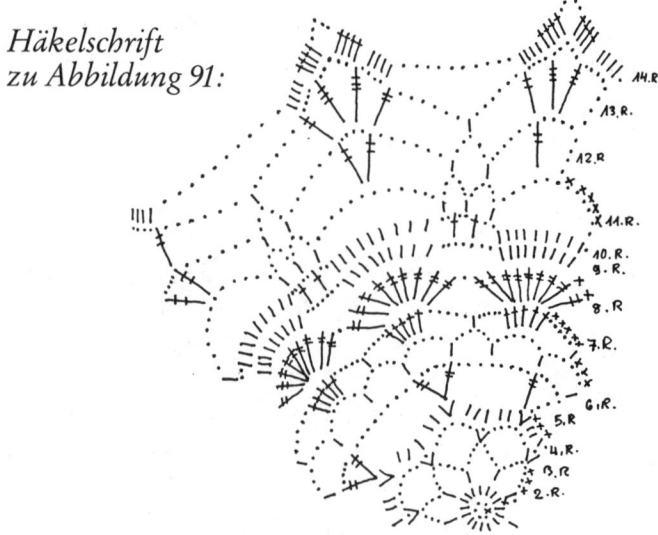

Arbeitsanleitungen für die Modelle

Blütenkissen *(Farbtafel I, gegenüber Seite 32)*

Material:
Schoeller Wolle »Jubilate« 150 g in Grundfarbe, z. B. rot, und je 50 g in drei Schmuckfarben, z. B. dunkelbraun, hellbraun und rohweiß. Je 1 PERL-INOX-Wollhäkelnadel 3½ und 4 mm, 15 cm lang.

Technik – Vorderseite: halbe Stäbchen und feste Maschen.

Arbeitsgang:
4 Luftm. in Grundfarbe mit Nadel Nr. 4 anschlagen, zum Ring schließen.

1. Runde:	13 halbe Stb. in den Ring häkeln.
2. Runde:	Auf jedes halbe Stb. der Vorr. 2 halbe Stb. arbeiten.
3. Runde:	Verteilt 13 M. zunehmen.
4. Runde:	Ohne Zunahme.
5.–7. Runde:	Verteilt jeweils 7 M. zunehmen = 60 halbe Stb. Weiter mit Nadel 3½ mm.
8. Runde:	✱ 1 feste M., 15 Luftm., 2 Einstichstellen der Vorrunde übergehen. Von ✱ ab wiederholen.
9. Runde:	15 feste M. auf jeden Luftm.-Bogen.
10. Runde:	Die 1. und letzte M. jedes Bogens freilassen, dafür auf die mittlere (= 7. M.) 3 feste M. häkeln.
11.–17. Runde:	Wie 10. Runde, dabei die 12. und 13. Runde in 1. Schmuckfarbe, die 14. und 15. Runde in 2. Schmuckfarbe und die 16. und 17. Runde in der 3. Schmuckfarbe häkeln.

Ab 18. Runde: Für den 2. Blattkranz in Farbe und Technik wie 8.–17. Runde häkeln, dabei in der 18. Runde die feste M. jeweils in die letzte M. des vorhergehenden Bogens einstechen.

Für die Kissenrückseite mit Nadel 4 mm in Grundfarbe eine ebenso große runde Platte in Stb. arbeiten und mit festen M. an die vordere Kissenplatte anhäkeln, dabei die Blattspitzen überstehen lassen. Für die Füllung eine Öffnung lassen, die später ebenfalls zus.gehäkelt wird.

Behäkelter Ring

(Farbtafel I, gegenüber Seite 32)

Material:
Schoeller Wolle »Summertime« oder Esslinger Wolle »Ballerina« ecru ca. 150 g, 1 Ring ⌀ 50 cm, 1 PERL-INOX-Wollhäkelnadel 2,5 mm, 15 cm lang.

Technik:
siehe Häkelschrift.

Arbeitsgang:
Muster nach Häkelschrift arbeiten. *Zu beachten ist, daß nach dem »Stäbchenstern« bei A mit dem folgenden Muster neu begonnen werden muß.* Zum Schluß wird der Ring mit festen M. umhäkelt; dabei in den gekennzeichneten Stellen (siehe Häkelschrift) in das Muster einstechen.

Häkelschrift:

- • = *Luftm.*
- | = *feste M.*
- × = *Kettm.*
- ↑ = *Stb.*
- ↑↓ = *Reliefstb. von vorne bzw. hinten einstechen*
- **A** = *neuer Musterbeginn*
- o = *Einstichstelle der festen M.*

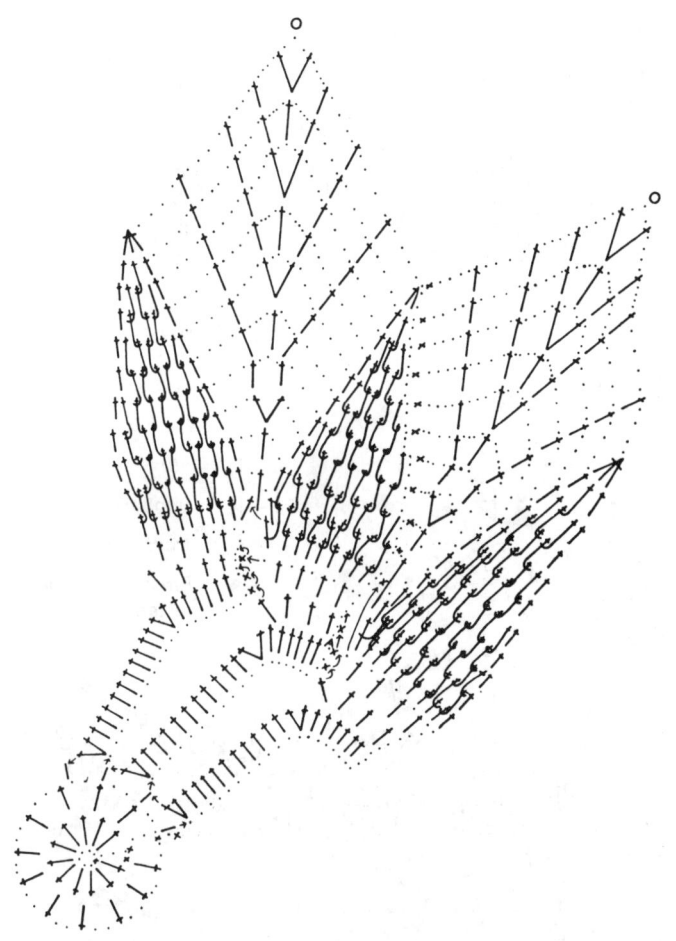

Vogelmotiv *(Farbtafel I, gegenüber Seite 32)*

Material:
Schoeller Wolle »Summertime« oder Esslinger Wolle »Ballerina« ecru ca. 100 g, 2 Ringe ⌀ 40 cm und ⌀ 10 cm, 1 PERL-INOX-Wollhäkelnadel 2,5 mm, 15 cm lang.

Technik:
siehe Häkelschrift.

Arbeitsgang:

siehe Häkelschrift. Zur Befestigung eine Luftm.-Kette häkeln. Beginn der Luftm.-Kette bei ● A (siehe Häkelschrift). Die Luftm.-Kette wird nach den mit ● gekennzeichneten Stellen (siehe Häkelschrift) im Muster mit 1 festen M. befestigt und 1mal um den Ringrand gewickelt (siehe Abbildung). Der große Ring wird mit festen M. umhäkelt; dabei an den mit ○ gekennzeichneten Stellen (siehe Häkelschrift) in das Muster einstechen (siehe Abbildung).

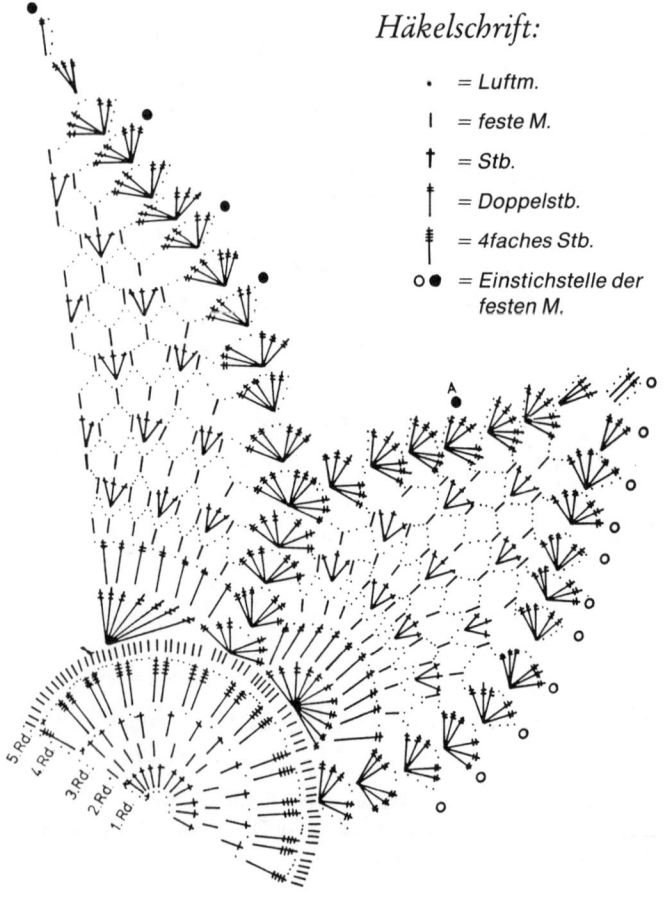

Häkelschrift:

- • = Luftm.
- | = feste M.
- † = Stb.
- ✝ = Doppelstb.
- ✦ = 4faches Stb.
- ○● = Einstichstelle der festen M.

Feste Maschen der 5. Runde werden um den kleinen Ring gehäkelt.

Häkelbild *(Farbtafel II, gegenüber Seite 33)*

Größe: ca. 30×30 cm

Material:
Schoeller Wolle »Summertime« oder Esslinger Wolle »Ballerina« ca. 50 g rohweiß. 1 PERL-INOX-Wollhäkelnadel 2½ mm, 15 cm lang, Hutgummi, 1 Hartfaserplatte ca. 30×30 cm, 1 passender Rahmen.

Technik:
Nach der Häkelschrift arbeiten; Luftmaschen, feste Maschen, Stäbchen, Mehrfachstäbchen und Kettmaschen.

Maschenprobe:
10 Gitterkästchen in Breite und Höhe = 10×10 cm.

Arbeitsanleitung:
Anschlag 40+3 Luftm. als 1. Stb., bei A mit der 1. Reihe des Innenteils beginnen und 13 Reihen arbeiten. Dann rundum die 5 Runden des Randes häkeln. Für die 1. Ecke gleich bei B weiterarbeiten und die 7 Eckreihen arbeiten, die anderen 3 Ecken jeweils bei B neu anschlingen. Das ganze Teil umhäkeln:
1. Runde: Feste M., je Luftm.-Bogen 3 feste M.; je Übergang 1 feste M.; an den Ecken 7 feste M. in den Eckbogen.
2. Runde: 1 Stb., 2 Luftm. im Wechsel und mit den Luftm. 2 M. übergehen; an den Ecken je 1 Stb. in feste M. vor und nach der Eckm.; 3 feste M. in die Eckm.
3. Runde: 1 feste M., 3 Luftm. im Wechsel; die festen M. stets um den Luftm.-Bogen der Vorrunde; an den Ecken in das 1. und 5. Stb. je 1 feste M.

Dann das Kästchen C des Mittelteils dicht umwickeln, jedoch nicht zus.ziehen. Für die Zierstege am Mittelteil jeweils bei D anschlingen, je 3 Luftm.-Ketten häkeln, die bis E, F und G reichen; an diesen Punkten festnähen und rücklaufend um die Luftm.-Kette dicht Festonstiche arbeiten. An den seitlichen Ecken (das Mittelstück liegt in Häkelrichtung) kleinere Zierstege in gleicher Weise arbeiten und jeweils von H nach J, K und L, die mittleren von M nach N, O und P spannen. Durch die letzte Runde Hutgummi ziehen, das Bild über die Hartfaserplatte spannen und den Rahmen montieren.

Häkelschrift:

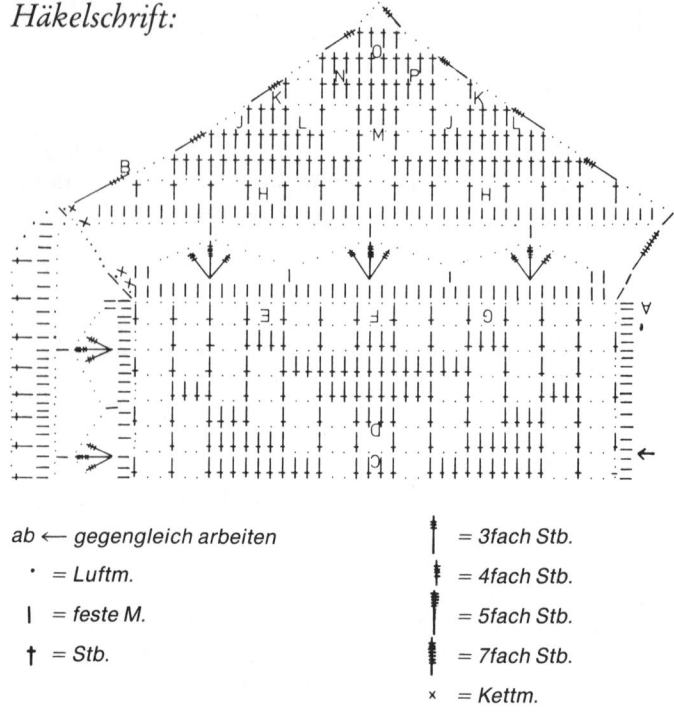

ab ← gegengleich arbeiten

· = Luftm.

| = feste M.

† = Stb.

† = 3fach Stb.

‡ = 4fach Stb.

= 5fach Stb.

= 7fach Stb.

× = Kettm.

Lampenschirm
(Farbtafel II, gegenüber Seite 33)

Größe: ca. 27 cm hoch, unten ca. 37 cm ∅, oben ca. 12 cm ∅

Material:

Schoeller Wolle »Jubilate« ca. 150 g rohweiß, 1PERL-INOX-Wollhäkelnadel 3½–4 mm, 15 cm lang, 21 Plastikringe von 2,5 cm ∅, 1 m Schmuckbändchen in Kontrastfarbe, ca. 6 mm breit, 1 Lampenschirm in obigen Maßen mit 14 Längsstreben.

Arbeitsanleitung:

7 Teile nach der Häkelschrift arbeiten. Bei A mit dem Umhäkeln des 1. Ringes beginnen, 12 feste M. um die 1. Hälfte, dann gleich die 1. Hälfte des 2. Ringes anschließen, den 3. Ring mit 24 festen M. umhäkeln, 1 Kettm. um den Übergang von 3. nach 2. Ring, den 2. Ring anschließen, 1 Kettm. um den Übergang zum 1. Ring und den 1. Ring beenden, mit Kettm. schließen und die 2. und 3. Runde

arbeiten, Faden abschneiden, bei B neu anschlingen. 1. und 2. Reihe nach Häkelschrift arbeiten. Diese beiden Reihen noch 3mal wiederholen, dann noch 1 Reihe feste M. häkeln. Die Teile von links mit festen M. zus.häkeln und dann über den Schirm ziehen. Zuerst am unteren Rand mit dem Gestell mit 1 Runde fester M., über den Gestellring gehäkelt, verbinden, darauf 1 Runde wechselnd 1 Stb., 2 Luftm. und 2 M. übergehen, 1 Runde je 2 nicht zu fest angezogene feste M. um die Luftm. Oberen Rand ebenfalls mit 1 Runde fester M. mit dem Gestell verbinden, dann die gleichen 2 Runden wie am unteren Rand arbeiten, jedoch nur jedes 3. Stb. übergehen. Durch die obere Lochreihe das Schmuckband ziehen und zur Schleife binden. Vom oberen Rand her etwa über 7 cm die Musterteile mit überwendlichen Stichen an den Längsstreben befestigen.

Häkelschrift:

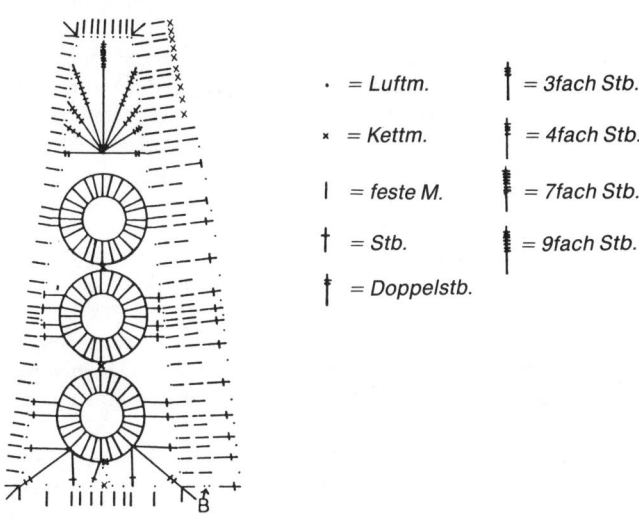

- · = Luftm.
- × = Kettm.
- | = feste M.
- † = Stb.
- † = Doppelstb.
- † = 3fach Stb.
- † = 4fach Stb.
- † = 7fach Stb.
- † = 9fach Stb.

Kissen *(Farbtafel II, gegenüber Seite 33)*

Größe: ca. 40×40 cm

Material:
Schoeller Wolle »Wollspass« je ca. 100 g braun, naturfarben, gold, hellbraun, 1PERL-INOX-Wollhäkelnadel 5 mm, 15 cm lang.

Technik:
Stäbchen und Reliefstäbchen in Runden.

Maschenprobe:
8 Reihen = 10 cm.

Arbeitsanleitung:

Farbfolge: 2 Runden naturfarben, 2 Runden gold, 2 Runden hellbraun, 2 Runden braun; ab Anfang wiederholen.
In Farbfolge arbeiten wie folgt: 5 Luftm. mit Kettm. zum Ring schließen.

1. Runde: 1 Luftm. und hochziehen, in den Ring ✣ 3 Stb., 1 Luftm., ab ✣ noch 3mal wiederholen und mit Kettm. anschlingen.
2. Runde: 1 Luftm. und hochziehen, ✣ 1 Stb. um die Luftm., 1 Stb. tiefstechen in die Mitte, je 1 Stb. auf das 2. und 3. Stb., 1 Stb. tiefstechen; 1 Stb. um die Luftm.; 1 Luftm. Ab ✣ noch 3mal wiederholen; mit Kettm. anschlingen.
3. Runde: 1 Luftm. und hochziehen; ✣ 1 Stb. um die Luftm. der Vorrunde; 1 Stb. tiefstechen in die Ecke der vorletzten Runde; 1 Stb. um die Luftm. der letzten Runde; 1 Stb. zwischen die 2 mittleren Stb. der Seite; 1 Relief-Stb. um das mittlere Stb. der 1. Runde; 1 Stb. zwischen die 2 mittleren Stb. der Seite; 1 Stb. um den Luftm.-Bogen der folgenden Ecke; 1 tiefgestochenes Stb. in die Ecke der vorletzten Runde; 1 Stb. um die Luftm. Ab ✣ noch 3mal wiederholen; mit Kettm. anschlingen.
4. Runde: 1 Luftm. und hochziehen; ✣ 1 Stb. um die Eck-Luftm.; 1 tiefgestochenes Stb. in die Ecke der vorletzten Runde; 1 Stb. um die Eck-Luftm.; in die Lücke zwischen folgendem 3. und 4. Stb. 1 Stb. – 1 Relief-Stb. um das tiefgestochene Stb. der vorletzten Runde – 1 Stb.; 1 Stb. – 1 Relief-Stb. – 1 Stb. zwischen das nächste 3. und 4. Stb.; 1 Stb. um die Luftm. der Ecke; 1 tiefgestochenes Stb. in die Ecke der vorletzten Reihe; 1 Stb. um die Luftm.; 1 Luftm. Ab ✣ noch 3mal wiederholen und mit Kettm. anschlingen.
5. Runde: 1 Luftm. und hochziehen; ✣ 1 Stb. um die Eck-Luftm.; 1 Stb. tiefstechen in die Ecke der vorletzten Reihe; 1 Stb. um die Eck-Luftm.; ✣✣ zwischen das folgende 3. und 4. Stb. 1 Stb. – 1 Relief-Stb. um das darunterliegende Relief-Stb. der vorletzten Runde – 1 Stb. = 1 Stb.-Gruppe. Ab ✣✣ über die ganze Seite bis zur Ecke wiederholen; um die Eck-Luftm. 1 Stb.; 1 tiefgestochenes Stb. in die Ecke der vorletzten Runde; 1 Stb. um die Eck-

Luftm. Ab ✻ noch 3mal wiederholen und mit Kettm. anschlingen.

Die 5. Runde stets wiederholen, das Muster verbreitert sich je Seite je Runde um 1 Stb.-Gruppe.

Nach 16 Runden Höhe ist eine Kissenplatte fertig. Beide Platten zuerst braun mit 1 Runde feste M. zus.häkeln, dabei vor dem Schließen der letzten Seite ein passendes Kissen einschieben. Darauf 1 Runde Muscheln häkeln = in jede 3. feste M. je 1 feste M. – 3 Stb. – 3 feste M.

Damenpulli in Filettechnik

(Farbtafel III, gegenüber Seite 48)

Größe 36–38 (40) 42

Die Angaben für **Größe 40** stehen **in der Klammer**, für **Größe 42 hinter der Klammer**. Steht nur eine Zahl, so gilt diese für alle Größen!

Material:

Esslinger Wolle »baumwolle flammé« 450 (500) 550 g natur (Fb. 03). 1 PERL-INOX-Wollhäkelnadel 3 mm und 1 Paar PERL-INOX-Tric-Schnellstricknadeln 2,5 mm.

Technik:

siehe Häkelschrift.

Eingehäkelte Blumen:

siehe Werkzeichnung. Jede Reihe beginnt mit 1 Stb.; dann werden für jedes weitere Kästchen 1 Luftm., 1 M. übergehen, 1 Stb. gehäkelt. Ist jedoch ein Kästchen mit einem Kreuz ausgefüllt, so wird statt der Luftm. 1 Stb. gehäkelt!

Maschenprobe:

27 M./12 Reihen = 10 cm^2.

Arbeitsgang:

siehe Schnitt. **Rücken- bzw. Vorderteil:** Auf die abgeketteten M. 129 (133) 137 M. in Technik häkeln und nach 6 Häkelreihen wie folgt mit der Einarbeitung der Blume beginnen: Die ersten und die letzten 42 (44) 46 M. in Technik und die mittleren 45 M. nach Werkzeichnung arbeiten. **Ärmel:** Auf die abgeketteten M. 97 (101) 105 M. in Technik häkeln.

Fertigstellung:
Schulternähte schließen, Ärmel einsetzen. Seiten- und Ärmelnähte schließen. Den Halsausschnitt wie folgt umhäkeln: **1. Runde:** feste M., **2. Runde:** ✱ in eine Einstichstelle 1 feste M., 2 Luftm. und 3 Stb. häkeln, 3 M. übergehen. Von ✱ ab wiederholen.

Häkelschrift:

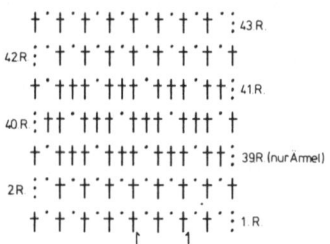

1. und 2. Reihe fortlaufend häkeln!

† = Stb.

• = Luftm.

Werkzeichnung:

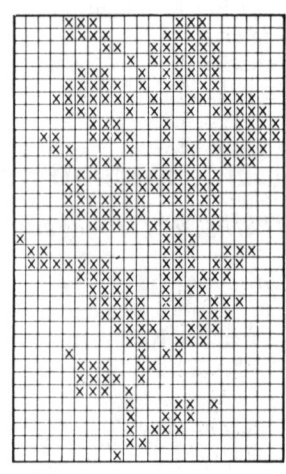

Schnitt:

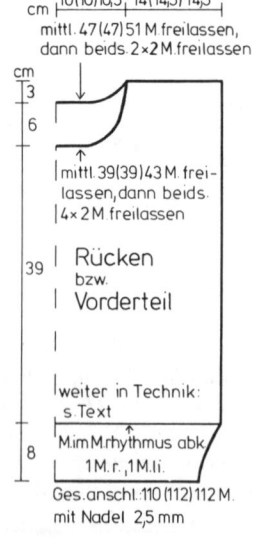

Trachtenjacke
(Farbtafel IV, gegenüber Seite 49)

Größe 38 (40/42)
Die Angaben für **Größe 40/42** stehen **in der Klammer**; steht nur eine Zahl, gilt diese für alle Größen!

Material:
Schoeller Wolle »Wollspass« 650 (700) g weiß (Fb. 01) und zum Besticken Reste in Dunkelblau (Fb. 04), Mittelblau (Fb. 10), Hellblau (Fb. 35) und Grün (Fb. 37) oder Esslinger Wolle »forte nova«.
1 PERL-INOX-Wollhäkelnadel 4 mm.

Technik I:
1. Reihe: Stäbchen, **2. Reihe:** feste M.
1. und 2. Reihe fortlaufend häkeln.

Technik II:
siehe Häkelschrift.

Aufgestickte Blüten:
siehe Werkzeichnung. Die hell- und mittelblauen Blüten werden immer im Wechsel 1mal rechts und 1mal links von der Mitte aufgestickt (siehe Abbildung).

Maschenprobe:
1 Rapport Technik II (19 M.) = 12 cm/12 Reihen = 10 cm.

Arbeitsgang:
siehe Schnitt. Für die **Schulterschrägung** 3mal 6 M. wie folgt freilassen: Am Ende der Reihe über die letzten 6 M. 2 Stb., 2 halbe Stb. und 2 feste M. arbeiten, dann in der Rückreihe diese 6 M. mit Kettm. übergehen und über die nächsten 6 M. 2 feste M., 2 halbe Stb. und 2 Stb. häkeln, usw.

Fertigstellung:
Nähte schließen, Ärmel einsetzen, dabei die obere Armkugel einkrausen. Ärmel und vordere Kanten einschließlich Halsausschnitt mit 2. Reihe feste M. in Weiß umhäkeln, dabei am rechten Vorderteil in der 2. Reihe (= Rückreihe) 6 Knopflöcher über je 3 M. (= 3 Einstichstellen mit 3 Luftm. übergehen) im Abstand von jeweils 8 M. einarbeiten; 1. Knopfloch nach 1 M. ab Halsausschnitt. **3. Reihe in Blau:** ✽ 2 feste M. in 1 Einstichstelle; 1 Einstichstelle übergehen. Von ✽ ab wiederholen. **4. Reihe in Weiß (als Hinreihe arbeiten):** Pikots, dabei die feste M. in die übergangene

M. der 2. Reihe häkeln (1 Pikot = ✻ 1 feste M., 3 Luftm., 1 feste M. in die erste Luftm. Von ✻ ab wiederholen.). Gleichzeitig die untere Kante mit 1. Reihe feste M. in Weiß behäkeln. Die Technik II in den Vorderteilen nach Werkzeichnung und Abbildung besticken, Knöpfe annähen.

Häkelschrift:

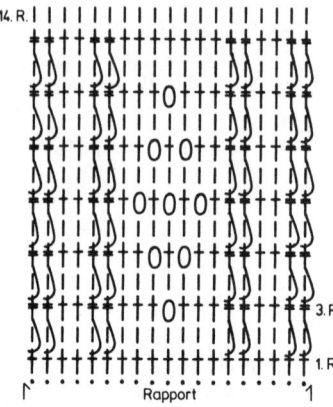

3.–14. Reihe fortlaufend häkeln!

• = Luftm.

† = Stb.

0 = Noppe: 4 Stb. in 1 Einstichstelle 1 Kettm. zurück in das 1. Stb.

| = feste M.

∫ = Reliefdoppelstb.

Schnitt:

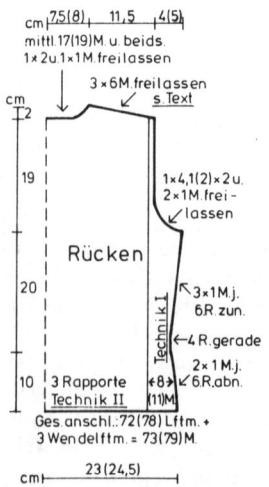

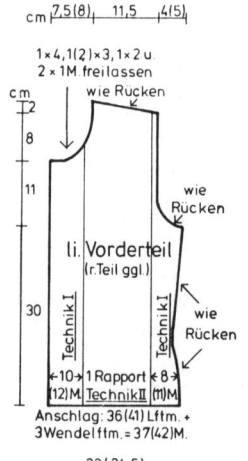

Werkzeichnung:

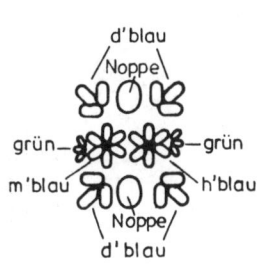

Decke und Kissen aus dreieckigen Motiven *(Farbtafel V, gegenüber Seite 80)*

Größe: ca. 160×120 cm

Material:
Schoeller Wolle »Jubilate«. **Decke:** ca. 600 g dunkelbraun und 400 g rohweiß. **Kissen:** ca. 150 g dunkelbraun und 100 g rohweiß. 1 PERL-INOX-Wollhäkelnadel 4 mm, 15 cm lang.

Technik:
siehe Häkelschrift.

Streifenfolge:
1.–3. Runde rohweiß, 4. und 5. Runde dunkelbraun.

Arbeitsgang:
Decke: Nach Häkelschrift 68 Motive anfertigen, dabei nur das 1. Motiv fertigstellen. Alle weiteren Motive werden mit der letzten Runde nach Schema an die bereits fertigen Motive angehäkelt. (Anhäkelpunkte = ● in der Häkelschrift).
Kissen: Für jede Kissenplatte 6 Motive häkeln, dabei, wie bei der Decke, nur 1 Motiv fertigstellen und die übrigen Motive mit der letzten Runde jeweils anhäkeln. Zuletzt die beiden Kissenplatten in Dunkelbraun mit festen M. zus.häkeln, dabei für die Füllung eine Öffnung lassen, die später ebenfalls zus.gehäkelt wird.

Häkelschrift: *Schema:*

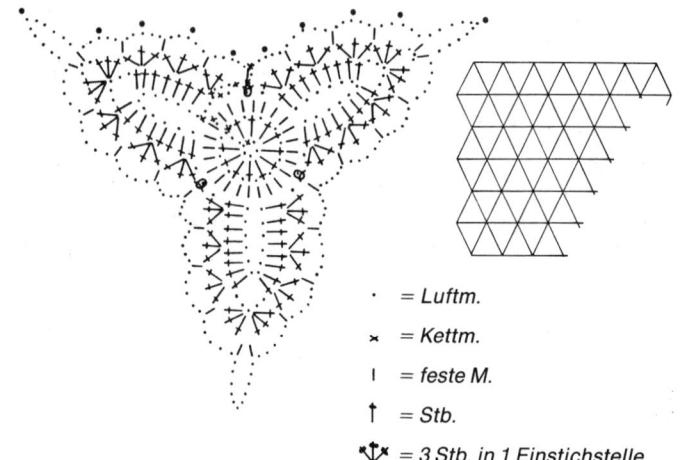

· = Luftm.

× = Kettm.

| = feste M.

† = Stb.

↑↑↑ = 3 Stb. in 1 Einstichstelle

ϒ = 2 zus. abgemaschte Stb., die um die Luftm. der Vorrunde in die feste M. der 2. Runde gearbeitet werden

Decke *(Farbtafel VI, gegenüber Seite 81)*

Größe: ca. 165×200 cm

Material:
Schoeller Wolle »Terra« ca. 2500 g rohweiß, 1 INOX-Wollhäkelnadel 5 mm, 15 cm lang, 270 INOX-Häkelringe von 36 mm ∅.

Technik:
Nach der Häkelschrift und den Angaben der Anleitung arbeiten; 1 vollumhäkelter Ring = 24 Stäbchen; 1 Motiv = ca. 33×33 cm.

Arbeitsanleitung:
Für das Innenstück über die Ringe Stb. wie folgt häkeln: **Ring 1:** bei A beginnen und in der angegebenen Pfeilrichtung häkeln – 18 Stb.; **Ring 2:** 12 Stb.; **Ring 3:** 18 Stb.; **Ring 4:** 12 Stb.; **Ring 5:** 24 Stb. mit Kettm. an 4 anschlingen; Ring 4 12 Stb. und mit Kettm. an 3 anschlingen; Ring 3 6 Stb., mit Kettm. an 2 anschlingen; Ring 2 12 Stb., mit Kettm. an 1 anschlingen; Ring 1 6 Stb.; **Ring 6:** 6 Stb.; **Ring 7:** 12 Stb., mit Kettm. an 4 anschlingen und weiter 6 Stb.; **Ring 8:** 6 Stb., mit Kettm. an 5 anschlingen und weiter 18

Stb., mit Kettm. an 7 anschlingen; Ring 7 6 Stb. und mit Kettm. an 6 anschlingen; Ring 6 6 Stb.; **Ring 9:** 6 Stb. und mit Kettm. an 8 anschlingen, weiter 18 Stb. und mit Kettm. an 6 anschlingen; Ring 6 12 Stb. und mit Kettm. schließen. Bei B neu anschlingen und die 5 Runden nach der Häkelschrift arbeiten, 30 Motive häkeln und sie von rechts mit Krebsm. (= feste M. von rechts nach links) zus.häkeln. Um 3 Seiten folgende **Fransenkante** häkeln: An der rechten Ecke einer Längsseite anschlingen, 1 Franse häkeln = 29 Luftm., 5 Doppel-Stb. zurück in 15. Luftm., 1 Kettm. in 29. Luftm., 4 Luftm.; 1 Kettm. in die Einstichstelle der 5 Doppel-Stb.; 16 Luftm., 1 Kettm. in die 10. Luftm. der 1. Kette, 9 Luftm.; damit ist die Franse beendet; dann 1 Krebsm. zwischen das 3.- und 4.-folgende Stb.; 3 Krebsm. zurück zum Anfang. ✿ 1 Franse, dann 1 Krebsm. vor das 2.-folgende Stb., das zwischen 2 Stb. der Vorrunde ist; Krebsm. zurück bis zu den vorhergehenden Krebsm. Ab ✿ stets wiederholen. An den Ecken greift die 1. Franse vor Beginn des Eckbogens bis zum Ende des Eckbogens, die 2. von der Eckspitze bis zum 2. Stb. zwischen 2 Stb. der Vorrunde.

Häkelschrift:

· = Luftm.
× = Kettm.
| = feste M.
T = halbes Stb.
† = Stb.
‡ = Doppelstb.
⋀ = 2 zus. abgemaschte Stb.

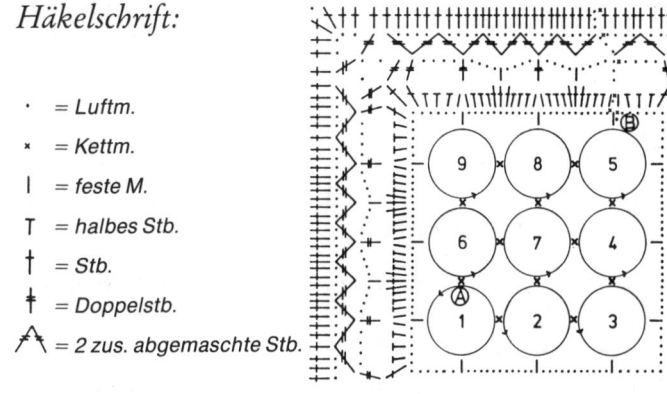

Häkeldecke aus zwei Motivarten
(Farbtafel VI, gegenüber Seite 81)

Größe: ca. 145×125 cm

Material:
Esslinger Wolle »Esslinger Sport« ca. 500 g rot (Fb. 29), 450 g weiß (Fb. 01). 1 PERL-INOX-Wollhäkelnadel 4 mm, 15 cm lang.

Motiv I und Motiv II:
siehe Häkelschrift.

Maschenprobe – 1 Motiv:
20 cm Ø (an der breitesten Stelle).

Arbeitsgang:
je 30mal Motiv I und II nach Häkelschrift arbeiten und noch jeweils 4 halbe Motive (von I und II) häkeln.

Fertigstellung:
Die Motive mit Kettm. von links zus.häkeln oder zus.nähen, siehe Schemazeichnung. Die gesamte Umrandung der Decke noch mit 1 Reihe feste M. in Rot umhäkeln.

Motive nach folgendem Schema zusammensetzen:

Motiv I – Häkelschrift:

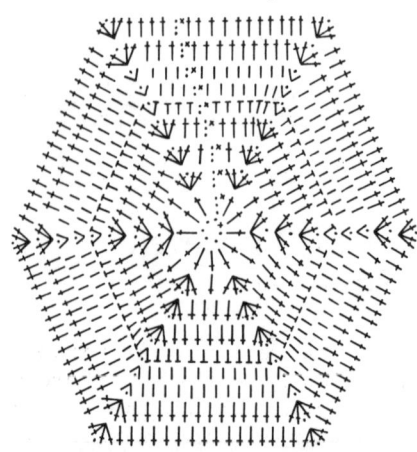

† = Stb.

T = halbe Stb.

| = feste M.

· = Luftm.

× = Kettm.

1.–5. Runde rot
6. Runde weiß
7. Runde rot
8.+9. Runde weiß

Motiv II – Häkelschrift:

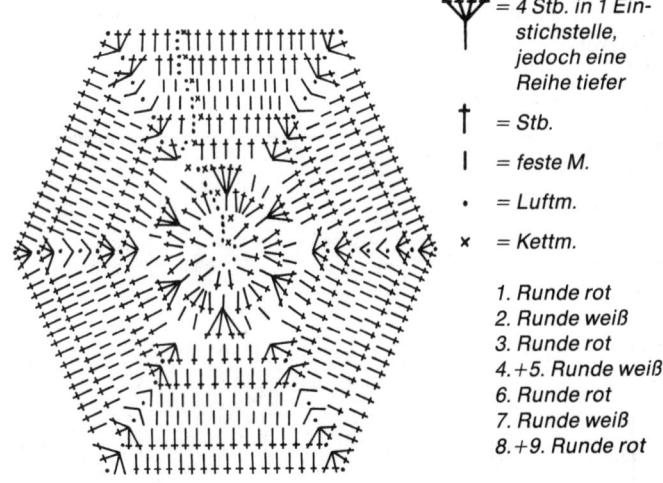

= 4 Stb. in 1 Einstichstelle, jedoch eine Reihe tiefer

† = Stb.

| = feste M.

• = Luftm.

× = Kettm.

1. Runde rot
2. Runde weiß
3. Runde rot
4.+5. Runde weiß
6. Runde rot
7. Runde weiß
8.+9. Runde rot

Häkelgardine
(Farbtafel VII, gegenüber Seite 96)

Größe: ca. 68×83 cm

Material:
Esslinger Wolle »ballerina« 250 g weiß (Fb. 01). 1 PERL-INOX-Wollhäkelnadel 3 mm.

Technik:
siehe Werkzeichnung. Jede Reihe beginnt mit 3 Luftmaschen (statt des 1. Stäbchens); dann werden für jedes weitere Kästchen 1 Luftmasche, 1 M. übergehen und 1 Stäbchen gehäkelt. Ist jedoch ein Kästchen mit einem Kreuz ausgefüllt, so wird statt der einen Luftmasche 1 Stäbchen gehäkelt.

Maschenprobe:
27 M./12 Reihen = 10 cm²

Arbeitsgang:
222 Luftm. (= 80 cm) + 3 Wendeluftm. anschlagen und nach Werkzeichnung arbeiten. Nun noch 2 Reihen häkeln: **1. Reihe:** 8 Luftm., ✽ 3 M. übergehen, 1 vierfaches Stb., 3 Luftm. Von ✽ ab wiederholen. **2. Reihe:** in jeden Luftm.-Bogen der Vorr. 3 feste M.

häkeln. Die restlichen 3 Kanten wie folgt umhäkeln (dabei immer in die Luftm.-Bögen arbeiten): ✻ 1 feste M., in den folgenden Bogen 1 halbes Stb., 4 Stb. und 1 halbes Stb. häkeln, 2 feste M. Von ✻ ab wiederholen.

Werkzeichnung:

Chanelkostüm
(Farbtafel VIII, gegenüber Seite 97)

Größe 38/40 (42)
Die Angaben für **Größe 42** stehen **in der Klammer**; steht nur eine Zahl, gilt diese für alle Größen!

Material:
Schoeller Wolle »terra fina« 650 (700) g altrosa (Fb. 91) und 600 (650) g rosa (Fb. 92). 1 PERL-INOX-Wollhäkelnadel 4,5 mm.

Technik:
siehe Häkelschrift I.

Häkelborte:
siehe Häkelschrift II.

Maschenprobe:
3 Rapporte in der Breite/9 Reihen = 9 cm^2.

Arbeitsgang:
siehe Schnitt. **Rockteile mit der 2. Reihe der Häkelschrift I beenden.** Um gerade Kanten bei den **Abnahmen an Häkelteilen** zu erhalten, muß manchmal **anders als in der Häkelschrift dargestellt** mit Kettmaschen, festen Maschen oder halben Stäbchen am Anfang oder Ende der Reihe gearbeitet bzw. das Muster an den Rändern etwas verändert werden.

Häkelschrift I:

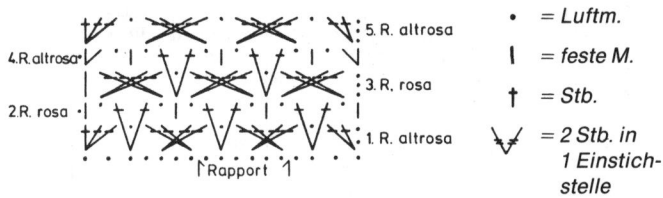

2.–5. Reihe fortlaufend häkeln

Häkelschrift II:

:ÖÖ   • = Luftm.
ÖÖ: 3.R.   O = Büschelmasche = 1 Umschlag, Faden holen,
2.R. :ÖÖ   1 Umschlag, Faden holen, 1 Umschlag, Faden holen,
ÖÖ: 1.R.   alle Schlingen auf einmal abmaschen

Schnitt:

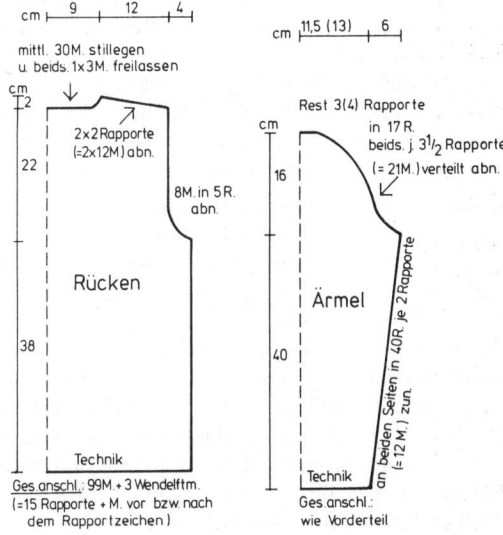

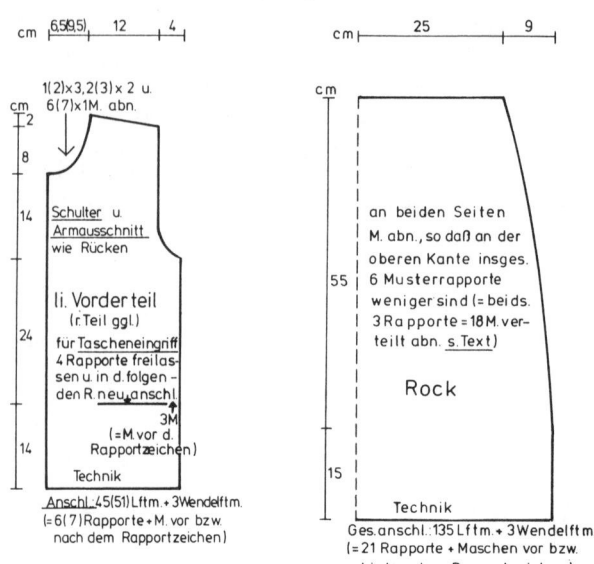

Fertigstellung:

Rock: Seitliche und untere Kanten in Altrosa mit 1 Reihe feste M. umhäkeln. Seitenkanten von links mit festen M. in Altrosa zus.häkeln, dabei an einer Seite für den Reißverschluß ca. 15 cm offen lassen. Obere Kante mit 6 Reihen Stäbchen in Altrosa behäkeln (in der 1. Reihe in jedes Stb. und jede feste M. der Vorr. 1 Stb., Luftmaschen übergehen). Bund zur Hälfte nach innen schlagen, Gummiband einlegen, Bund anheften. Den Reißverschluß einsetzen, und den Rock mit Futtertaft füttern.

Jacke: Vordere, untere und seitliche Kanten der Vorderteile, seitliche und untere Kanten des Rückens und untere Ärmelkanten mit 1 Reihe feste M. in Altrosa umhäkeln. Schulter- und Ärmelnähte schließen. Seitennähte von links mit festen M. in Altrosa zus.häkeln und die Ärmel mit festen M. einhäkeln. Halsausschnittkante mit 1 Reihe feste M. in Altrosa behäkeln. Für die **Taschenbeutel** aus den oberen Kanten der Taschenschlitze in Altrosa 20 Stb. heraushäkeln und weitere 6 Reihen Stb. häkeln; Taschenbeutel anheften. Nach Häkelschrift II in Altrosa Häkelborten in entsprechender Länge für untere Ärmelkanten, Taschenblenden und untere und vordere Kanten einschließlich Halsausschnitt anfertigen. Borten nach Abbildung aufnähen, Zierknöpfe annähen.